대신 주식해드립니다

이민수
〈입금완료〉
지음

S대 경제·심리 전공 17년 차 감성 투자자의 손실 방지책

입금완료

알에이치코리아

RHK
알에이치코리아

일러두기

이 책의 본문은 한글 맞춤법 및 외래어 표기법을 따르는 것을 원칙
으로 하되, 일부 표현은 생생한 입말과 고유한 표현을 살리기 위해
저자의 스타일을 따랐습니다.

석사 논문을 쓸 때였다. 지도교수님의 말씀은 그랬다. 논문은 서론부터 쓰면 어렵다고. 하지만 나의 생각은 이랬다. 서론에서 방향을 잡아야 본론을 쓰는 거 아닌가?

내 가설을 지지하는 실험 데이터를 빨리 모은 행운이 아무래도 부담스러웠던 것일까? 나는 교수님의 말씀에도 불구하고 서론을 먼저 쓰는 방식을 선택해서 논문 작성의 길을 험난하게 이끌어 갔다. 고치고 고쳐서 완성한 서론은 본문을 쓰다가 보니 다시 고쳐야 했고, 결론을 쓰다가 보니 또 고쳐야 했다. 그렇게 서론에 한참의 시간을 쏟다가 보니 결국 심사 기한이 임박해서야 논문 작성을 끝낼 수 있었다. 나의 고집이 일종의 과속방지턱으로 작용해서 데이터 수집이 빨랐던 행운을 다시 균형으로 되돌려 놓은 것이다.

그 균형이 그렇게 싫지만은 않았던 것일까? 아니면 교수님의 무수한 경험에서 도출된 가르침을 따르지 않아 받았던 고통이 10여 년의 세월 속에서 많이 희미해진 탓일까? 지금 이 책을 쓰는 나는 또 '들어가며' 내지는 '책 머리에' 따위의 글을 먼저 쓰고 있다. 과연 이 글은 이후의 내용을 작성하고도 수정되지 않고 살아남을 수 있을까?

아무래도 나에게 타산지석은 불가능의 개념처럼 보인다. 지난날의 경험으로부터 깨닫고 배우는 것도 이렇게 힘든데 저기 저 산의 돌을 보고 무언가를 배우는 일이라니. 그렇게 고집이라거나 독선, 아니면 아집 같은 것은 늘 나와 함께였다. 그리고 그러한 마음가짐은 주식을 할 때도 한결같았다. 분할 매수나 분할 매도, 차트가 주는 다양한 신호같이 모두가 고려하는 요소들은 나에게 고려 대상이 아니었던 것이다. 남들이 하는 말은 '그런 방식으로 한다고 성공하면 모두가 성공하지 않았을까?'의 필터를 거쳐 대뇌피질에 전달되었고, 그 결과 주식을 내 마음대로 사고팔게 되었다.

이렇게 봤을 때, 누군가의 생각을 참고하기 위해 도서관을, 서점을, 화면을 통해 이 책을 펼친 사람들은 무언가 나와는 다른 사람이지 싶다. 경험을 참고하려 하는 마음의 끝에는 좋은 것을 참고해서 그 길을 따르고, 나쁜 것을 참고해서 그 길을 피하는 실천이 기다리고 있을 것이기 때문이다. 남의 말은 어떻게든 피할 준비를 한 채로 주식을 마음대로 사고팔았던 나와는 다른 것이다.

주식을 마음대로 사고팔 수는 있었지만, 손실을 마음대로 입고 벗을 수는 없었다. 군대에서 주식으로 금전적 손실을 입게 되었을 때도 그랬다. 그때의 나는 심리적 손실이라도 막아내기 위해 '그래도 투자 금액이 많지 않을 때 이 정도 손실로 주식의 무서움을 배울 수 있어서 다행이다'라며 긍정 회로를 가동하고 있었다. 그런 나를 본 선배는 '남들은 공짜로 배우는 걸 왜 돈을 내고 배우냐'며 나무랐다. 나의 긍정 회로는 그대로 파손되었다. 금전적 손실은 물론이고 심리적 손실도 마음대로 할 수가 없었던 것이다. 경험해 보지 않고도 깨닫는 일의 어려움을, 경험을 통해 깨닫는 일의 고통을 미리 알았다면 좀 다르지 않았을까? 다른 사람들의 경험을 발판으로 삼을 수 있었다면 좀 다르지 않았을까?

이 책은 여기서 시작된다. 마음대로 주식을 사고팔아 본 어느 개미의 주식담이 그의 주식 경험과 감상을 잘 전달할 수 있다면, 누군가는 손실이라는 수업료를 조금 아끼면서 깨달음에 이를 수 있을 것이라고 생각하기 때문이다. 그래서 마음 주도 매매로 수십만 원대의 수익과 손실이 오가던 초기의 경험은 물론이고, 잘못된 물타기로 수천만 원대의 손실이라는 익사 위기에 처한 최근의 경험까지 그 후회와 깨달음을 모두 담아내고자 했다.

'이렇게는 하고, 저렇게는 하지 말아라'라는 주식 시장의 말들이 '서론부터 쓰면 힘들다'는 교수님의 말과 같다면, 이 책에 담겨 있는 이야기는 서론부터 쓰면 어떻게 힘들어지는지에 대한 실제 사례라고 볼 수 있다. 아무리 상세하고 친절한 설명도 실제 사례가 더해지지 않으면 설명력에 한계가 있지 않을까? 나의 사례가 일종의 오답 노트가 되어 도움이 되기를 바란다는 뜻이다.

이미 주식 시장에서의 경험이 풍부한 사람의 경우에는

어떨까? 그 경험이 충분한 수익으로 이어졌다면 이 책은 안락한 의자에서 공포영화를 보는 것과 비슷한 느낌을 제공할 수 있을 것이다. 만약 풍부한 주식 경험이 충분한 손실로 이어진 경우에는 이 책에 담긴 주식 경험담이, '나만 그런 것이 아니다'라는 일종의 위로가 될 수 있기를 기대해 본다.

차례

1부
사례편
개미의 매수

2부
유형편
개미의 마음

3부
이별편

개미의 이별

1부

사례편

개미의 매수

1부에서는 직접 주식에 투자하게 된 계기 및 다양한 시점에서의 투자 사례를 고백한다. 대뇌피질에서는 분명히 그럴듯했는데 시장에서는 그럴듯하지 못했던 '직관'에 기반한 투자법들의 사례를 살펴보며, 간접적으로 경험할 수 있는 기회가 제공된다. 물론 직관 자체는 틀리지 않았을 수도 있다. 어떤 사람은 이러한 접근에 기반한 투자로 큰돈을 벌었을 수도 있기 때문이다. 하지만 그런 직관들을 잘못된 방식으로 사용할 경우에는 예후가 좋지 않을 수 있다는 것도 사실이다. 내가 그랬다는 뜻이다.

직접 매수법

펀드는 그만,
주식을 직접 사고판다

"투자자는 학교나 시장에서 일련의 과정을 거치며 만들어지는 것이 아니다. 주식을 사야겠다고 결심하는 순간, 그 즉시 우리는 투자자로서 존재하게 되는 것이다."

이것은 '그 많은 주식 투자자는 모두 어디에서 오는가?'에 대한 대뇌피질의 대답이었다. 나는 어쩌다가 직접 주식을 사고팔겠다고 결심하게 되었을까? 직접 매수법을 선택하기에 앞서 고려해야 할 점은 무엇일까?

돈 불리기와
돈 벌기

"이럴 거면 그냥 네가 주식을 해봐라."

이천 하고도 구 년, 계좌 개설의 문턱에 엄마의 말이 있었다. 합쳐서 몇백만 원의 돈이 투입된 두 개의 펀드가 수익률 저조의 구간을 지나 손해가 막심해 구간에 이르게 되자 엄마는 나에게 펀드를 해지하고 주식에 직접 투자해 볼 것을 권했던 것이다. 그 권유가 "저렇게 손실만 내는 펀드에 돈을 맡기는 것보다는 네가 직접 하는 편이 낫지 않겠니?"와 같이 나의 판단이나 나의 투자를 향한 신뢰의 표출이었던 것은 아니다. 그동안 엄마가 보여준 나의 경제관념에 대한 시선을 충분히 고려한다면, 그 권유는 "어차피 사라지고 있는 돈이라면 네가 투자 연습이라도 해보면서 사라지는 편이 낫지 않겠니?"에 가까웠다고 보는 것이 맞기 때문이다. 아무튼 나는 펀드에서 반토막이 되어 돌아온 내 소중한 돈으로 주식을 샀고, 그렇게 '직접 매수법'이 시작되었다.

펀드를 통해 운용되는 투자를 '간접 매수'라고 본다면 개별 종목의 주식을 스스로 사고파는 것을 '직접 매수'라고 볼 수 있다. 보다 개인적인 경험에 빗대어 본다면 투자의 목적이 '돈 불리기'에 있을 때 간접 매수에 관심이, 투자의 목적이 '돈 벌기'에 있을 때 직접 매수에 관심이 가는 것이 아닌가 싶다. 펀드에 가입하게 되는 경로의 초입에는 '돈을 불리고 싶은데 은행 이자율은 너무 낮고, 어디 투자할 데 없을까?'와 같은 사고가, 주식을 직접 사게 되는 경로의 초입에는 '다들 주식으로 돈을 번다는데 나도 해볼까?'와 같은 사고가 수반된다고 볼 수 있는 것이다. 내가 그랬다는 뜻이다. 돈을 그냥 두느니 펀드에라도 가입해서 불리고 싶었고, 펀드에서 점점 줄어들게 방치하느니 그 돈을 밑천으로 돈을 벌고 싶었던 것이다.

이렇게 본다면 직접 매수를 할 것인지 말 것인지에 대한 판단 기준 중 하나로 투자의 목표를 생각해 볼 수 있다. 보다 적극적으로 판단하고 매수하면서 돈을 버는 것이 목표인 경우–물론 적극적으로 손실을 볼 가능성도 있다–에는 직접적인 주식 매수가, 그렇지 않은 경우에는 보다 간접적인 펀드나 ETF, 혹은 예적금 같은 상품이 적합할 수 있는 것이다.

성취감과 자책 vs
기쁨과 원망

직접 매수의 삶은 나름대로 행복했다. 나의 투자는 적은 투자금이라는 태생적 한계로 인해 그 수익의 규모가 충분히 클 수 없었지만, 아쉬운 수익의 규모를 '내가 맞았다'는 기쁨으로 충분히 채울 수 있었기 때문이다. 여기서 직접 매수법의 장점을 확인할 수 있다. 직접 매수에서는 투자에 성공했을 때 얻게 되는 금전적 수익에 더해 뿌듯함까지 추가로 제공된다. 직접 판단하고 선택하기 때문이다. 반대로 간접 매수에서는 이런 종류의 뿌듯함이나 성취감은 상대적으로 작을 수밖에 없다. 펀드매니저가 펀드 운용비 명목으로 수수료만 가져가는 것이 아니라 '내가 맞았어'의 기쁨도 가져가고 있기 때문이다.

물론 직접 매수에서 판단과 선택이 자기에게 있다는 사실은 투자에 실패했을 때의 슬픔 역시도 스스로 감당해야 한다는 단점으로 이어지기도 한다. 간접 매수에서는 펀드매니저가 감당해 주던 이 슬픔이, 직접 매수에서는 우리의 마음으로 청구되는 것이다. 게다가 투자에 실패해서 슬픔에 직면하게 되더라도 펀드 운용비 명목으로 받게 되는 수수료로 그 슬픔을 어느 정도 치유할 수 있는 펀드매니저와는 다르게, 우리의 투자 실패는 슬픔과 거래세를 모두 감당해야 하는 이중의 고통에 노출된다. 이렇게 본다면 직접 매수를 하느냐 마느냐의 고민은 '투자 성공이 주는 성취감'이 자신에게 얼마나 가치 있는지, '투자 실패의 자책으로 인한 슬픔'을 얼마나 감내할 수 있는지의 문제로 치환해서 접근해 볼 수도 있다.

간접 매수의 경우는 어떨까? 간접 매수의 성공, 예를 들어 내가 가입한 펀드의 수익률이 높을 때의 성취감은 대부분 펀드매니저가 가져가겠지만, 나 역시도 '아무튼 내가 펀드를 잘 골랐다'는 정도의 기쁨은 누릴 수 있다. 그리고 간접 매수의 실패, 그러니까 가입한 펀드의 수익률이 나쁠 때는 슬픔보다는 원망의 정서가 지배적일 것이다. 결국 직접 매수와 간접 매수를 선택하는 문제는 성취감과 자책의 슬픔, 그리고 기쁨과 원망의 고통을 선택하는 문제로 귀결된다. 이러한 관점에서 본다면 내가 만난 음의 수익률이 펀드 매니저를 원망하는 마음을 키웠고, 원망의 고통을 더 이상 견딜 수 없게 된 나는 성취감과 자책의 길을 선택하게 된 것이라는 해석도 가능해진다.

지금 생각해 보면 그때 내가 느낀 직접 매수의 성취감이라는 것은 상당히 과장된 측면이 있는 것 같기도 하다. 실제로 내가 한 일은 대략적인 느낌을 통해 어떤 주식을 선택하고, 매수하고, 시간이 흘러가기를 기다렸다가 파는 일이 전부였다. 하지만 내 인식 속에서의 나는 당당한 주식 시장의 참여자로서 냉철한 분석을 통해 쟁쟁한 투자자들 사이에서 수익을 거머쥔 유능한 직접 투자자로 그려지고 있었다. 스스로에 대한 과대평가가 심해져서 부모님께 돈을 빌려 더 적극적으로 주식 투자를 해볼까 하는 생각까지 했던 것을 떠올리면 새어 나오려던 헛웃음도 창피함을 견디지 못하고 다시 목구멍 깊은 곳으로 숨는 것만 같다.

아무튼 '개인적 성향' 역시도 직접 매수를 할 것인지 말 것인지에 대해 중요하게 고려해야 할 기준이 된다. 투자의 가시적인 결과는 수익이나 손실이지만, 그 과정에서 요동 치는 심리적인 득실도 무시할 수는 없기 때문이다. 직접 매수를 통해 적금보다 꽤 많은 수익을 낸다고 해도 그 과정에서 느끼는 불안이나 스트레스가 크다면 오히려 손해일 수도 있다. 반대로 추가적인 수익은 그렇게 크지 않더라도 직접 매수를 통해 느끼는 성취감이나 뿌듯함이 크다면, 그래서 삶에 커다란 활력으로 작동한다면, 생각보다 더 큰 이득일 수도 있을 것이다.

반쪽짜리
개미

지나고 나서야 알게 된 일이지만 내가 직접 매수를 시작했던 2009년에는 장이 워낙 좋았다고 한다. 아마 펀드에 돈을 그대로 뒀다면 대부분의 손실이 복구되었을 것 같기도 하다. 상황이 그렇다 보니 그저 아무 주식이나 사서 한동안 팔지 않고 보유했어도 수익률이 높을 수밖에 없었을 것이다. 하지만 당시 뇌내 투자리그 에이스였던 나에게 그런 것은 보이지 않았다. 열심히 사고팔았고, 이익과 성취감을 얻었다. 어쩌면 이때의 좋았던 기억들 때문에 주식을 그만두었다가도 어느새 주식 곁을 다시 맴돌고 있는 것인지도 모르겠다. 그 직접 매수의 시작에 마침 장이 안 좋아서 원금에서 몇십만 원만 줄어들었어도, 주식은 도박이라며 훌륭한 예적금러로 자라날 수 있지 않았을까? 즐거운 상승장에서 내 덕만 배우고 내 탓은 배우지 못한 나는 반쪽짜리 개미로 자라버리고 말았다.

장이 좋을 때 주식을 시작한다는 것은 어떤 의미일까? 긍정적인 면으로는 '주식'이라는 유용한 투자 수단에 호감을 가질 수 있다는 점을 생각해 볼 수 있다. 주식이라는 것은 결국 생산 수단, 그러니까 가치를 창출해 낼 수 있는 수단을 거대 자본 없이도 소유할 수 있게 해주는 장치다. 비록 그 비율은 미미하여 가치 창출 수단과 관련된 의사 결정에는 영향을 미칠 수 없겠지만, 소량이라도 주식을 소유해서 주주가 되는 순간 가치 창출 수단이 만들어 내는 가치를 분배받을 수 있게 되기 때문이다. 제한된 노동 시간만으로 시장에 참여하는 것이 아니라, 내가 가진 자본을 통해서도 시장에 참여할 수 있게 된다. 결국 주식 투자를 시작했는데 마침 장이 좋아서 수익을 내고, 그 좋은 기억으로 15년 가까이 주식 시장을 기웃거릴 수 있었던 것은 자본주의 시장에서 더 잘 생존하기 위한 도구를 잃지 않았다는 점에서는 유익했다고 볼 수 있다.

물론 장이 좋을 때 주식을 시작하면 따라오는 부정적인 효과도 있었다. 바로 나의 투자 소질을 과대 추정하게 되는 위험이다. 그저 장이 좋아서 어떤 주식을 사든 수익이 나기 쉬운 상황이었는데, 그것을 마치 나의 전두엽에만 특별하게 존재하는 주식피질의 탁월한 성과로 오해하면서 주식 매수가 쉬운 일처럼 느껴진 것이다. 그리고 위험해졌다. 어떤 근거나 판단도 없이 그저 대세 상승의 덕을 입어서 발생한 수익이 다음의 수익을 보장해 주기는 어려웠기 때문이다.

장이 좋지 않을 때 주식을 시작했다면 그 반대의 경험을 하게 되었을까? 어지간한 수준으로 고른 주식으로는 대세 하락의 흐름을 피할 수가 없고, 주식 투자 시작과 동시에 주식에 부정적인 인식을 얻게 되었을 것이다. 이러한 인식은 자본주의 사회를 살아가는 데 꽤나 큰 페널티라고 볼 수가 있다.[*] 반면 나의 주식 투자 실력을 과대 추정하는 일은 없었을 것이다. 안 좋은 장에서 순전히 운으로 수익을 낼 확률은 상대적으로 낮기 때문이다.

물론 이런 장단점을 따져가며 '장이 좋을 때'를 기다려서 주식을 시작한다거나, '장이 나쁠 때'를 기다려서 주식을 시작하는 일은 크게 의미가 없을 것이다. 중요한 것은 '수익'이지, 그 수익이 오만한 수익인지 겸손한 수익인지는 중요하지 않기 때문이다. 하지만 시장의 상황이 어떤지를 알고, 그런 상황이 투자에 미치는 영향력에 대해서 인지할 필요는 있다. 장이 너무 좋았든 안 좋았든 자신의 투자 성과를 좀 더 객관적으로 바라볼 수 있어야 발전이 있기 때문이다. 나는 그러지 못했다는 뜻이다. 그 결과 장이 만들어 낸 수익을 내가 만들어 낸 수익으로 착각하는, 나의 물결만 보면서 시장의 파도는 보지 못하는 반쪽짜리 개미가 되어 버렸다.

- 　지금까지의 주식 투자 성적을 따져본다면 차라리 자본주의의 도구를 하나 잃는 것이 더 나았겠다 싶을 정도로 주식이 나와 돈의 사이를 갈라놓은 것도 사실이다.

세 줄 요약

☐ 손실이 극심해진 펀드를 다 정리하고 주식을 직접 매수해서 돈을 벌어보기로 함

☐ 수익뿐만 아니라 성취감도 내가 다 가질 수 있어서 좋았음

☐ 장이 좋을 때 쉽게 돈을 벌면서 주식을 너무 쉽게 생각하게 됨

세 줄 정리

☐ 적극적으로 수익을 내고 싶다면 직접 매수를 고려할 수 있음

☐ 투자 결과에 따른 금전적 손익뿐만 아니라 자신의 성향에 따른 심리적 손익도 고려해야 함

☐ 주식 시장이 호황이라면, 자신의 투자 결과에 대한 객관적 평가가 필요함

덜 간접적인 투자
- ETF

나는 ETF에 투자를 해본 적이 없다. 나의 주식에 대한 관심은 그 기원이 펀드에서 받은 상처에 있기 때문에 펀드와 비슷한 느낌이 나는 각종 ETF류에도 투자하기를 꺼려했던 것이다. 물론 ETF Exchange Traded Fund 가 실제로 펀드이기도 하니 나의 거부감이 전혀 근거가 없는 것은 아니었다. 하지만 나중에 알고 보니 ETF는 내가 싫어하는 펀드의 느낌과는 무관한 펀드였다. 나에게 상처를 준 펀드가 적극적인 운용을 통해 포트폴리오에 있는 주식의 비중을 조정하는 등의 과정을 거치며 수익이나 손실이 발생하는 액티브

펀드였던 것과 다르게, 대부분의 ETF는 단순히 특정 지수를 추종하는 패시브 운용 상품이었던 것이다.

가령 펀드매니저가 적극적으로 운용하는 펀드의 대표적인 모습은 '이러이러한 테마의 종목들을 제가 적절한 타이밍에 사고팔아 비중을 조절해서 높은 수익률을 달성해 보겠습니다'의 느낌이라면, ETF의 대표적인 모습은 '여기 전기차 종목들을 모아놓은 묶음이 있는데, 전기차 시장이 좋아져서 전기차 종목의 가격이 상승하면 묶음의 가격도 오를 거야'의 느낌이라고 볼 수 있다.

그 외에도 ETF는 장내에서 주식처럼 거래가 가능하다는 점에서도 일반 펀드와 다르며, 가입이나 해지 수수료 대신 주식 매매와 같은 거래 수수료가 발생한다는 점에서 일반 펀드와 차이가 있다. 두 상품 모두 운용 수수료가 있지만, 매니저의 재량이 큰 일반 펀드 쪽이 상대적으로 더 높다는 점도 차이라고 볼 수 있다.

직접적인 주식 매매가 아무래도 부담스럽다면, ETF에 투자하는 것도 하나의 방법이 될 수 있다. 그리고 ETF에 투자하는 일은 직접적인 주식 매매에 비해 그 난이도가 낮아질 가능성이 크다. 개별 종목에 투자해서 성공하기 위해서는 특정 산업이 잘되는 것은 물론이고 특정 기업도 잘되어야 하는데, 특정 묶음(ETF)에 투자해서 성공한다는 것은 특정 기업은 못 맞히더라도 특정 산업만, 특정 지수만 맞히면 되기 때문이다. 당연히 산업과 기업 두 가지를 모두 맞혀야 하는 경우의 보상이 더 크고, 산업 한 가지만 맞혀도 되는 경우의 보상이 작을 것이다. 이러한 관점에서 보면 예적금은 아무것도 안 맞혀도 되는 대신 보상이 작은, 틀릴 일이 없으니 손실도 없는 경우라고 볼 수 있다.

② 좋아 매수법

소비자 관점에서 투자하기

좋아
매수법

"우리의 정서가 하나의 추단법heuristics으로 기능한다고 했을 때, 좋다-싫다로 대표되는 특정 주식에 대한 호오는 복잡한 의사 결정 과정을 단순하게, 풍성한 계좌를 단출하게 만들어 줄 수 있다."

이것은 인지적 에너지를 아끼며 주식 시장에 참여한 지난 15년간의 투자 결과에 대한 요약이다. 어떤 근거가 있는 것 같다고 생각했던 투자들은 대개 '내 마음'에만 의존한 경우가 많았다. 어떤 주식이, 어떤 주식의 가격이 좋다는 것은 무슨 의미일까? 내가 좋아하면 남들도 좋아할까? 내 마음만 들여다보면서도 남들이 좋아하는 주식을 알아낼 수 있을까?

나름대로의
근거

"주식 차트대로, 재무제표대로 투자해서 되는 거면 다 성공했지."

이것은 주식 시장의 문명화된 도구들을 사용할 수 없던 나를 보듬어 주던 마음의 소리였다. 하지만 도구가 없다고 해서 아무렇게나 주식에 투자할 수는 없으니 나에게도 일 말의 근거라는 것이 필요했는데, 처음으로 사용한 방법이 '좋아 매수법'이다. 무제한의 포장이 허용되는 세계라면 '가치 투자법'이라는 이름을 붙여도 되겠지만, 진실한 회상에 의하면 나의 투자는 가치 투자와는 다소 거리가 있었다.

업황이나 기업의 현재를 면밀하게 파악하고 미래 추정을 바탕으로 한 기업의 가치 산출 과정은 전혀 포함하지 않은 채, 순수 소비자 관점에서 제품이나 서비스에 대한 호불호를 근거로 삼아 투자했기 때문이다. 오리온의 과자가 좋다면 오리온의 주식을 샀고, 제일기획의 광고가 좋으면 제일기획의 주식을 사는 식이었다. 물론 나름의 근거는 있었다. 오리온의 과자에 관해서는 마케팅 수업 과제를 준비하면서 조사를 해본 적이 있었고, 제일기획의 광고는 공모전을 준비하면서 충분히 살펴봤기 때문이다.

결과는 좋았다. 오리온의 과자를, 제일기획의 광고를 좋아하던 마음은 돈이 되어 돌아왔다. 물론 확신의 크기에 비해 너무 빠르게 매도한 나머지 수익률은 일의 자리에 머무를 수밖에 없었다. 이마저도 당시 주식 시장의 전반적인 상승세를 고려하면 과연 이것이 좋아하는 마음의 승리였는지, 주식을 하기로 한 마음의 승리였는지가 모호해지기는 한다.

아무래도 그때의 내 판단은 앞쪽으로 기울었던 것 같다. 소비 시장에서의 안목은 주식 시장에서도 통하는 것처럼 느껴졌고, 좋은 주식을 찾는 일은 결국 좋은 상품을 찾는 일처럼 보였다. 그렇게 '좋아 매수법'은 계속되었다.

가격이 좋아

물론 모든 '좋아'가 소비자로서의 확신에 기반을 두지는 않았다. 가령, 자동차에는 관심을 가져본 적도 없으면서도 현대차라는 종목이 '좋다'고 판단을 내리기도 했던 것이다. 이런 경우에도 나름의 근거는 있었다. 큰 회사니까 좋아 보였다거나, 예전의 어떤 가격에 비해 지금의 가격이 낮아 왠지 할인 기간처럼 느껴져서 좋아 보이는 식이었다. 시장 참여자들의 어떤 판단에 의해 결정된 가격, 그러니까 해당 기업의 가치가 반영된 가격이 형성된 배경에는 관심이 없었기 때문이었을까? 주식 초심자인 나는 주식 투자자로서 시장에 존재한다기보다는 주식 소비자로서 시장에 존재하는 것 같은 판단을 하는 경우가 많았다.

그래도 현대차인데, 그래도 기아차인데 얼마까지는 오르지 않을까? 삼성전기가 원래 얼마였으니까, 지금 사면 싸게 사는 게 아닐까? 이러한 접근이 일반적인 소비재에는 적합할 수도 있다. 어떤 제품이 나에게 지니는 가치가 단지 가격에 의해 영향을 받지는 않을 것이기 때문이다.

예를 들어 평소에 1,000원이던 주스가 800원으로 할인을 한다고 해서, 나에게 있어 그 주스가 갖는 가치가 200원만큼 줄어들지는 않는다. 따라서 이런 '할인'은 나에게 이득이 된다. 더 적은 돈으로 주스를 마실 수 있기 때문이다.

하지만 주식의 경우에는 어떤가? 어떤 주식의 가격이 20% 하락했다는 것은 그 주식의 가치가 그만큼 줄어들었다는 것을 의미한다. 나 혼자만 '세일'이라고 생각한다고 해서 이득이 될 수가 없는 구조다. 더 적은 돈으로 주식을 샀지만, 그 주식은 예전과 같은 가치가 아니기 때문이다. 주식을 낮아진 금액에 산다는 것은 마치 가격이 20% 할인되었지만 용량도 20% 감소한 주스를 사는 것과 마찬가지인 경우가 많다고 볼 수 있는 것이다.

그렇다면 결국 알아야 하는 것은 단순한 가격이 아니라, 즉 과거 가격의 변동이 아닌 '가치 대비 가격'이어야 한다. '저평가'라는 것이 미래에 창출할 가치 대비 지금의 가격이 낮다는 뜻이어야지, '과거의 가격 대비 지금은 싸다'여서는 안 되는 것이다. 당연하게도 내가 주식의 가격이 좋다고 판단하는 기준에는 '가치'가 포함되어 있지 않았다. 운 좋게도 '원래 3만 원이었는데 지금 2만 5,000원이니까, 2만 7,000원은 되지 않을까?'와 같은 접근이 몇 번 맞기는 했지만, 남들은 모르는데 나만 알고 있는 '할인' 같은 것은 좀처럼 쉽게 나타나지 않았다. 내 계좌에 없을 때는 그저 '할인'처럼 보이던 주가가 내 계좌에 들어왔을 때 비로소 '횡보' 혹은 '추가 할인' 상태에 돌입하고 마는 것이었다.

실패한 좋아

지금 돌이켜 봤을 때, '가격이 좋아' 매수법은 어이가 없기는 하지만 제품이나 서비스 평가에 기반한 '좋아'는 유효한 매수법이 될 수 있겠다는 생각이 들기도 한다. 하지만 나에게 '좋아 매수법'이 훌륭한 투자 전략으로 남지 못한 이유가 있다. 오리온과 제일기획 이후의 '좋아'는 과제를 준비하면서 과자를 탐구하거나 공모전을 준비하면서 광고를 살펴본 것과 다르게 나름대로의 충분한 파악을 바탕으로 만들어지지 않았기 때문이다. 빙그레의 주식을 샀을 때가 그랬고, 이마트의 주식을 샀을 때가 그랬다. 추후 소개

할 다른 매수법의 영향이 섞이기는 했지만, 기본적으로 빙그레는 메로나와 바나나우유가 맛있어서, 이마트는 그냥 이마트가 좋아서 매수한 측면이 있기 때문이다. 메로나와 바나나우유가 다른 제품들과 어떻게 차별화되는지나 이마트가 다른 마트에 비해서 어떤 강점을 갖고 있는지에는 관심이 없었다. '좋아'의 이유는 '좋다'면 충분했다. 그 결과 빙그레는 손해를 남긴 채로 매도해야 했고, 이마트는 3년 가까이 물려 있다가 탈출할 수 있었다. 모두 '실패한 좋아'였던 것이다.

가장 많이 좋아했고, 아직까지 가장 큰 실패로 남은 주식은 데브시스터즈의 주식이다. 2021년부터 4년 이상 보유하고 있는 이 주식은 〈쿠키런: 킹덤〉이라는 게임이 너무 재밌어서 샀다. 결과는 좋지 않았다. '좋아 매수법'을 남용한 대가로 빙그레는 조금의 손실을, 이마트는 3년의 투자 기회를(지금 생각해 보면 돈이 묶여 있는 것은 개미의 손실을 막아주는 호재인 것 같기도 하다) 가져갔지만, 데브시스터즈는 4년 정도의 시간은 물론이고 빙그레와는 비교도 안 될 정도의 손실을 기록하고 있기 때문이다. 데브시스터즈의 주가는 게임에 최소한의 과금만 하던 나에게 주식 손실을 통한 우회 과금이라도 하려는 것처럼 짜릿하게 하락했고 여전히 복구되지 않았다.

이렇게 본다면 어떤 회사의 제품에 가진 나의 호감에 기반해서 예측한 주가의 정확도는 떨어지는 것 같다. 개인의 취향이 시장의 취향을 고스란히 반영하지 못하기 때문일 수도 있고, 개인의 취향과 무관하게 업계의 전망이 어둡기 때문일 수도 있다. 게다가 '좋아'는 '선반영'이라는 마법의 단어에 특히나 취약해서 제품에 대한 세상의 호감이 주가에 아무런 영향을 미치지 못하는 경우도 고려해야 한다. 메로나가 맛있었던 것은 하루 이틀이 아니고, 재밌는 게임의 미래 실적을 추정하고 주가에 반영되게 하는 일은 누군가의 직업일 수도 있는 것이다.

결국 '좋아 매수법'은 판단의 추가 너무 나의 마음에, 내 마음이 판단하는 현재의 제품·서비스에만 집중되어 있다는 문제점을 갖는다고 볼 수 있다. 그러다 보니 '이제 소비자가 아닌 투자자로 만나보고 싶다'는 고백이 실패로 끝나는 경우가 많았다. 고백은 확인의 과정이어야 하는데, 내 마음에만 치중한 어설픈 확신으로 성급하게 고백한 결과엔 '손실'이라는 거절만 뒤따랐던 것이다.

주식공용어

고백 이야기가 나온 김에 고백을 해보자면, 시간이 흐르면서 차트나 재무제표에 관한 생각도 변했다. 재무제표나 차트가 과거에 대한 기록이라는 관점은 그대로이지만, 그것이 주식 시장에 통용되는 언어이자 약속일 수 있다는 점을 받아들이게 된 것이다.

단기적인 주식 가격은 결국 해당 주식의 수요와 공급, 그러니까 팔려는 마음과 사려는 마음에 의해 결정될 텐데, 많은 사람들이 그 자료를 보고 의사 결정을 내린다면 단기 가격 결정에 있어 차트와 재무제표, 특히 차트의 영향력을 무시할 수 없는 것이 아닐까? 어느 정도 가격이 되면 팔고, 어느 정도 가격이 되면 사자는 일종의 차트 시그널을 공유하는 사람들 사이에서 혼자서만 차트와 동떨어진 매매를 한다면 그것이야말로 사서 고생하는 일이고 잃으면서 배우는 주식 게임일 수가 있는 것이다.

물론 이러한 생각을 갖게 되었다고 해서 차트를 공부하게 되는 것은 아니었다.

"어차피 장기 투자 할 거니까."

이것은 내가 만들어 낸, 차트를 공부하지 않아도 될 것 같은 기분이 들게 해주는 주문이었다.

□ 어떤 제품이나 서비스가 좋다고 판단되면 주식을 샀음

□ 예전에 비해 가격이 낮아진 것 같으면 조금은 오르겠지 싶어서 주식을 샀음

□ 처음 몇 번은 수익을 냈지만 이후에는 계속 실패함

세 줄 정리

□ 어떤 제품이나 서비스에 관한 분석을 바탕으로 가치 투자를 할 수 있음

□ 가치 분석을 바탕으로, 현재 가격이 저평가인지 여부를 따져볼 수 있음

□ 만약 다수의 시장 참여자가 재무제표나 차트를 참고하고 있다면, 그 자체로 참고할 만한 가치가 있음

샀는데요, 팔렸습니다
- 유상감자

　'좋아 매수법'에 근거해 사게 된 주식의 또 다른 예는 삼양옵틱스다. 이 회사는 카메라 렌즈를 만드는 회사인데, 대학생 때부터 사진 찍는 것을 좋아하고, 카메라에도 관심이 많았던 나에게는 친숙한 회사였다. 비록 이 회사의 렌즈를 써본 적은 없지만, 디지털카메라 커뮤니티에서 삼양옵틱스를 '삼짜이즈(삼양＋칼 짜이즈: 칼 짜이즈는 독일의 유명한 광학회사다)'라고 부르며 가격 대비 성능이 우수하다고 칭송하는 글이 많았기 때문이다.

　그러다가 문득, 삼양옵틱스의 주식을 사면 좋겠다는 생

각이 들었다. 이렇게 가성비가 좋으면 사람들이 많이 사고, 사람들이 많이 사면 실적이 좋아지고, 실적이 좋아지면 주가도 오른다는 의식의 흐름 끝에는 매수 버튼이 기다리고 있었다. 하지만 내가 좋아하는 마음이 커졌다고 해서 갑자기 주가가 요동친다거나 하지는 않았다. 오히려 횡보하는 와중에 조금씩 하락하는 주가로 인해 계좌에는 파란불이 들어왔다. 그렇게 얼마의 시간이 흘렀을까? 호가창으로만 지켜봐야 했던 삼양옵틱스는 공시를 통해 나에게 말을 걸었다. 상장폐지를 하기 전 카메라 렌즈를 만드는 광학사업부를 사모펀드에 매각하면서 유상감자●를 진행한다는 것이었다. 그 결과 내가 갖고 있던 삼양옵틱스는 주당 700원이 되어 내 계좌로 돌아왔다.

"우리 광학사업부는 이제 사모펀드와 만나기로 했으니까 개미 씨는 이 돈 갖고 마음 정리했으면 좋겠어. 아니 정리해."

● 회사가 주주에게 일정 금액을 지급하며 자본금을 줄이는 절차로, 주식 소각 또는 액면가 인하로 이루어진다.

이것은 내 머릿속에서 아침 드라마로 각색된 유상감자의 한 장면이었다. 애초에 회사가 적자인지도 모르고 샀던 나도 너무했지만, 돈 버는 사업부를 팔면서 나의 투자가 강제종료되는 상황도 너무하다 싶었다. 물론 유상감자의 대가로 지급된 주당 700원으로 계좌의 파란불은 꺼져서 다행이었지만, 사모펀드가 인수할 정도로 사업성이 있는 삼양옵틱스의 렌즈에 내가 이제 더 이상 투자할 수 없는 사람이 되어버린 점은 아쉬웠기 때문이다.

나 같은 개미들의 아쉬움을 달래주기라도 하려던 것이었을까? 그 후로 얼마의 시간이 흐르고 나니, 유상감자가 진행된 후 10주 미만으로 남은 주식을 거래할 수 있는 정리매매가 진행되었다. 그리고 그 정리매매의 호가창은 그 어떤 화장터의 불꽃보다 크고 매섭게 타올랐다. 1원으로 시작한 가격이 약 8만 원, 그러니까 약 8,000,000% 정도까지 상승하기도 했던 것이다. 불타는 호가창 속에서 나의 주식 8주를 주당 6만 원 조금 넘는 돈에 매도하며 삼양옵틱스와의 관계도, 아침 드라마의 강요된 이별도 끝이 났다.

3

솔깃 매수법

정보를 바탕으로
투자하기

솔깃
매수법

"무엇 하나에 마음을 사로잡히지 않는다면 어떤 시작도 할 수 없겠지만, 무엇 하나에만 마음을 사로잡힌다면 어떤 시작도 오래갈 수가 없을 것이다."

이것은 일상생활 속에서 꾸준한 호감에 기반한 자연스러운 매수 추구가 어려워지는 시점이 오고, 각종 정보에 기반한 소개 매수에 열중할 때의 위험에 관한 설명이다. '솔깃'의 역치가 높으면 어떤 소개에도 시큰둥할 것이다. 그렇다고 '솔깃'의 역치가 너무 낮으면 아무런 소개에나 쉽게 매수 버튼을 누르고 이내 실망하게 될 가능성이 크다. 내가 그랬다는 뜻이다. 무엇이 그렇게 매수 버튼을 쉽게 누르게 만들었을까? 어렴풋한 하나의 매력에만 솔깃해서 시작된 관계의 위험 요소는 무엇일까?

솔깃의 시작

"그럴듯한데?"

이것은 종목 시황의 호재성 뉴스를 접했을 때 내 마음을 가득 채우던 생각이다. 회사의 제품에 대한 주관적 평가를 기반으로 한 미래 성과 예측 뇌뮬레이션에만 근거해 투자를 하던 나는 어느새 업계의 소식에도 관심을 두는, 뉴스를 활용할 줄 아는 개미가 된 것이다. 그 처음은 아마도 빙그레였다. 학사장교로 군 복무를 하면서 메로나와 바나나 맛 우유에 심취해 빙그레 주식에 관심을 두게 되었을 때였다. 여기까지가 좋아 매수법이었다. 그렇게 살까 말까 고민을 하면서 종목 시황을 보던 나는 메로나가 남미에서 인기 있다는 뉴스를 접하게 된다. 여기부터가 솔깃 매수법이었다.

'솔깃.' 작은 솔깃에도 마음은 요동쳤다. 맛이야 내 혀로 검증을 끝냈고, 이제는 세계 무대로의 진출이 가능하다는 단서까지 있으니 세계인의 빙그레가 되는 것은 시간 문제일 것 같았다. 심지어 브라질 월드컵을 앞두고 있던 상황까지 고려한다면 왠지 시간도 문제가 아닐 것만 같았다. 세계인이 모인 브라질, 뜨거운 축구 열기, 그곳에서 더욱 차갑게 빛날 메로나. 멜론 맛은 물론이고 딸기 맛, 바나나 맛까지 추가된 다양성의 아이스크림 메로나가 본격적으로 국제 무대에 데뷔하게 될 것만 같았다.

아니었다. 브라질 월드컵이 끝이 난 후에도, 세계적인 메로나 열풍은 아직도 아직이었다. 세계인의 입을 시원하게 얼려줄 것이라던 메로나는 나의 계좌를 파랗게 얼려버릴 뿐이었다. 예상만큼 매출이 증가하지 못했을 수도 있고, 아니면 이미 주가에 '선반영'되어 있었기 때문에 내가 샀을 때는 더 오를 동력이 없었을 수도 있다. 그게 아니면 전반적으로 침체기를 겪고 있는 와중에, 그나마 세계인의 입맛을 사로잡은 것이 침체를 더디게 해준 것일지도 모른다. 빙그레가 메로나만 파는 것은 아니기 때문이다. 하지만 이미 '솔깃'해 버린 나의 마음으로는 이처럼 당연하고도 기본적인 상황조차 검토해 볼 수가 없었다. 그렇게 나의 첫 번째 '솔깃 매수법'은 몇 개월의 기간 동안 조금의 손실을 남기고 끝이 났다. '식품주는 원래 변동성이 적다'는 말로 나를 위로하며 '오랜 시간 보유하긴 했지만, 손실은 크지 않으니 다행'이라고 생각하기로 했다.

중동산 솔깃

그러다가 다음 솔깃이 찾아온 것 역시 여전히 군대에 다니던 때였다. 그리고 건설 경기가 좋지 않아 건설주의 가격이 많이 내려갔다는 이야기를 듣고 건설주에 관심을 두고 있던 때였다. 하지만 관심만 있었지 살 수는 없었다. 아무리 마음의 소리만 따르는 마음 주도형 개미라지만 '오를 것이다. 왜냐하면 떨어졌기 때문이다'라는 평균회귀교식 믿음만으로 건설주를 살 수는 없었기 때문이다.

그렇게 잘 견디던 중 건설주를 사야 할 뉴스가, 나에게로 오는 순간 솔깃이 되어 매수 버튼을 누르게 할 뉴스가 종목 시황에 올라왔다. 바로 벽산건설을 중동의 한 자본이 인수할 것이라는 내용의 기사였다. 아빠가 건설 회사에 다닐 때 사우디아라비아에서 근무한 적이 있다는 이야기를 들었기 때문일까? 이미 30년은 더 지난 이야기 같지만 왜인지 모르게 내 머릿속의 중동은 여전히 건설의 왕국이었다. 이러한 관점에서 보면 예전에는 외국 회사까지 불러 건설을 하더니 이제는 값이 싸진 건설 회사를 인수해 직접 건물을 짓게 되었다는 이야기가 꽤 그럴듯해 보였다. 외주를 주느니 인수를 하는 일 정도는 오일 머니로 쉽게 할 수 있을 것만 같았다. 그렇게 '솔깃'한 나는 어느새 벽산건설의 주주가 되어 있었다.

성공이었다. 상한가였다. 하지만 생각도 못 한 폭등에 갑자기 안빈낙도의 인간이라도 된 것이었을까? 이 정도면 되었다 싶었는지 나는 벽산건설 주식을 모두 처분했다. 정확한 매도 시점이 기억나지는 않지만, 첫 번째 상한가와 두 번째 상한가 사이의 어느 가격에 팔았던 것 같다. 기뻤다. 하지만 무언가 아쉬웠다. 왠지 더 오를 것 같다는 생각이 자꾸만 머릿속을 채웠다. 주식으로 인생이 달라지는 상상으로 가득 차버린 머리로는 아무래도 이성적인 사고를 할 수가 없었던 것일까? 나는 다시 벽산건설의 주주가 되었고, 가격은 다시 상한가였다. 컨소시엄이 구성되고 얼마의 돈도 냈다는 기사를 보니 더욱 확신이 생겼다. 급등주에 투자했다는 두려움은 없었다. 오히려 잠시 팔았던 그 순간이 아쉬울 뿐이었다. 이제는 장기 투자라고 생각했다. 업계의 정보를 빠르게 파악하고 과감하게 투자하는 공격적인 투자자로서의 투자 인생이 새롭게 시작되는 것만 같았다.

아니었다. 나의 든든한 버팀목이었던 컨소시엄 구성은 갑자기 없던 일이 되었다. 위약금이야 물면 그만인 돈이었나 보다. 그렇게 벽산건설은 새 주인 찾기에 실패했다. 내가 가진 벽산건설의 주식도 더는 새 주인을 찾을 수 없었다. 장이 시작되기도 전부터 하한가의 언덕에 새파랗게 쌓인 주식들은 장이 끝날 때까지도 새 주인을 찾지 못했다. 하루, 이틀, 사흘. 벽산건설은 그렇게 며칠을 15%씩 가격을 낮춰도 아무도 사려고 하지 않는 주식이 되었다. 손절조차 허락되지 않은 주식이 된 것이었다. 무서웠다. 아무도 사려고 하지 않는 주식, 하한가가 일상인 주식, 나의 벽산건설은 벽산 휴지가 되어가고 있었다.

그러다가 하한가에 쌓여 있던 매도 잔량이 사라진 날이 있었다. 거짓말처럼 한 번은 팔 기회가 온 것이다. 죽으라는 법은 없다지만 반쯤 죽으라는 법은 있었던 것일까? 나는 반쯤 죽어서는, 거의 반토막이 된 가격에 주식을 매도할 수 있었다. 그래도 휴지 조각이 될 것이라고 생각했던 주식인데 이 정도 가격에라도 팔 수 있는 것이 너무나 감사했다. 물론 감사한 마음으로 다 채워지지 않은 마음의 빈틈에는 손실의 아픔이 매섭게 파고들었다. 수백만 원의 손실만큼 다 아프지 않으려면 이 손실이 나에게 주는 의미를 찾아야 했다. 나의 손실은 사라진 돈이 아니라 의미 있게 쓰인 돈이어야만 했던 것이다.

"그래도 이 정도 손실로 이런 경험을 해봤으니 다행이네요. 나중에 직장 생활 하면서 모은 돈으로 주식에 투자하다가 이랬으면 진짜 큰일이죠. 적은 돈으로 잘 배웠네요."

이것은 내가 찾은 의미였다.

"남들은 돈 안 내고 배우는 걸 왜 돈 내고 배우죠?"

이것은 군대 선배가 내가 찾은 의미를 산산이 조각내는 방식이었다. 그리고 이틀 후 주식 계좌에 매도 대금이 입금되었다. 다시는 주식을 하지 않겠다고 결심한 나는 그 돈으로 카메라 렌즈를 사서 고양이 사진을 찍으러 다녔다. 그리고 얼마의 시간이 더 흘러, 벽산건설은 상장폐지가 되었다.

다른 모든 조건이
동일하다면

정보를 바탕으로 투자를 하겠다는 그 생각 자체는 좋았던 것 같다. 하지만 하나의 정보만 보고, 하나의 '솔깃'만 갖고서 실행한 투자는 좋지 않았다. 한 기업의 가치를 결정하는 변수는 무수히 많기 때문에 한 요소의 변화가 의미 있는 영향을 미치기 위해서는 그 변화가 매우 크거나 다른 모든 조건이 동일해야 한다. 가령 신제품 A의 매출이 증가하고 있는데, 그 과정에서 기존 제품 B의 매출에 잠식이 일어나고 있다면 기업의 가치에는 큰 변화가 없을 수도 있다. 또 해외에서의 매출이 증가하는 상황이라고 해도 원자재 가격이 크게 상승해서 수익성이 악화되는 상황이라면 기업의 가치는 오히려 하락할 수도 있다.

벽산건설의 경우에도 비슷했다. 인수가 무산될 수도 있는 것이고, 인수가 되었다고 하더라도 수익성이 개선되지 않았을 수도 있었다. 하지만 그런 고민은 없었다. 이 주식과 관련된 어떤 좋은 일이 일어날 수도 있는데, 그렇게 되기만 하면 주가가 많이 올라갈 것이라는 단선적인 사고를 '정보에 근거한 투자'라고 착각하고 있었던 것이다. 이렇게 본다면 다양한 요소를 고려해서 종합적으로 투자를 결정하지 못했다는 측면에서는 '좋아'나 '솔깃'이나 크게 차이가 없다고 할 수 있다.

따지고 보면 얼마나 열심히 투자를 하느냐의 문제인 것 같기도 하다. 투자를 '다른 모든 조건이 동일하다'고 가정하고 '솔깃'에만 집중하는 경우에 비해, 최대한 여러 조건의 변화를 고려하면서 '솔깃'에 대해 따져보는 경우는 열심히 하는 투자인 것이다. 하지만 나는 철저한 전자였고, 그러다 보니 '솔깃'한 정보가 맞고 틀렸고를 떠나서 주가 예측이 어긋나는 경우가 많았다. 현저성이 높은 소수의 정보에만 집중하는 것은, 열 문제짜리 시험지에서 한두 개의 문제만 풀면서 100점 맞기를 기대하는 일과 크게 다르지 않기 때문이다.

결국 솔깃 매수법의 성패는 몇 겹의 솔깃 장치를 바탕으로 투자 결정을 내리는지에 달렸다고 볼 수도 있다. 단순히 종목 시황에 노출되는 몇 개의 기사를 보고 솔깃해서 투자하는 것이 아니라, 재무제표나 산업의 전망, 그리고 실제 제품이나 서비스에서도 솔깃할 만한 이유를 찾는다면 가치 예측의 정확도를 올릴 수 있지 않았을까? 알게 모르게 전제로 깔려 있는 '다른 모든 조건이 동일하다면'의 가정을 멀리했다면, 다양한 요소를 고려한 가치 예측을 할 수 있지 않았을까?

세 줄 요약

☐ 주식을 매수할 때 종목 시황의 기사들을 참고하기 시작함

☐ 벽산건설을 중동 자본이 인수한다는 기사에 근거해 솔깃해서 주식을 매수함

☐ 인수가 진행되지 않아 주가는 폭락하고 약 −50%라는 큰 손실을 입음

세 줄 정리

☐ 정보를 참고해서 주가 예측의 정확도를 올릴 수 있음

☐ 소수의 정보만 활용해서 주가를 예측하는 것은 아는 문제 몇 개만 풀면서 만점을 받으려는 것과 같음

☐ 모두에게 공개된 정보는 수익에 대한 수수료를 요구하지 않지만, 손실에 대한 책임도 지지 않음

의문의 상한가
- 네오위즈

군대에서 함께 주식 이야기를 하던 선배가 있었다. 손실이 나면 손실이 난 것을 핑계로, 수익이 나면 수익이 난 것을 핑계로 탕수육을 먹으러 가던 사이였다. 그렇게 자주 어울렸지만 같은 주식에 투자한 경우는 딱 한 번뿐이었는데, 네오위즈를 샀을 때였다. 당시 게임주에 빠져 있던 선배는 어느 날 갑자기 네오위즈를 매수하겠다고 공시했고 나도 덩달아 네오위즈를 매수했다. 선배의 투자 이유가 정확하게 기억나지는 않지만 대략 '저평가되어 있다'는 방향의 이야기였던 것 같다. 보통 같았으면 그렇구나 하고 말았겠지만, 그날은 이상하게도 선배와 함께 투자하고 싶었다. 그렇게 선배와 한 배를 타고 나서 얼마의 시간이 지나자 네오위즈의 주가가 치솟기 시작했다. 우리는 들떴다. 영문도 모른 채 올라가는 수익률을 바라만 봤다. 5%를 지나고 10%를 지나서 순식간에 상한가였다. 뜻밖의 상한가에 놀란 우리는 매도 버튼을 눌렀다. 기뻤다. 선배의 안목도 나의 믿음도 훌륭했다. 그렇게 우리는 순식간에 수십만 원을 벌었다.

흥분을 가라앉힌 후, 우리는 상한가의 이유를 찾아보기 시작했다. 어렵지는 않았다. 네오위즈의 대표가 18대 대통령직 인수위원회에서 인수위원을 맡게 되어서 네오위즈의 주가가 오른 것이었다. 선배의 예상도, 선배의 예상에 대한 나의 믿음도 순식간에 의미를 잃었다. 하지만 상관은 없었다. 주가 상승의 이유를 맞히지 못했다고 해서 이미 실현한 수익을 몰수하거나 하지는 않기 때문이다. 심지어 기분이 더 좋은 측면도 있었다. 사실상 복권 당첨이나 다름없었기 때문이다. 당첨금을 수령한 다음 날부터 주가는 차분하게 가라앉았다. 주가를 순식간에 상한가에 도달하게 만들 정도로 강력한 사건이었지만, 하루뿐이었다. 그 이후 내가 전

역하기까지 2년 반이 걸렸는데, 그동안 네오위즈의 주가는 그날의 상한가를 넘지 못했다.

그러고 보면 누군가는 대통령직 인수위원이 된 대표의 소식을 듣고 네오위즈의 주식을 샀을 수도 있을 것이다. 만약 선배와 나도 인수위원 소식을 보고 네오위즈 주식을 샀다면 어땠을까? 영문도 모른 채 맞이한 상한가에는 수익 실현을 막을 걸림돌이 없었지만, 솔깃한 소식에 대한 기대로 매수한 주식은 아무래도 팔기가 어렵지 않았을까? 나를 솔깃하게 만든 호재가 아직 사라지지 않았는데, 추가적인 수익을 기대하지 않고 익절*하는 일도 쉽지는 않았을 것이다. 호재로서의 '대통령직 인수위원 임명'이 주가 상승의 과정에서 장작처럼 타서 없어지고 말았다고 해도, 그걸 받아들이고 '여기까지가 끝인가 보다'라는 생각을 하는 일은 쉽지 않기 때문이다.

●   이익을 실현하기 위해 매도하는 것

적금 매수법과 박쥐 매수법

인생의 위험을 분산하는 방법

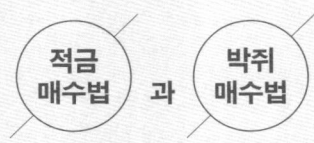

적금
매수법   과   박쥐
매수법

"단기 변동에 초초해하실 필요가 없으시고, 또 수익을 떠나서 그 자체로 의미 있는 투자이기도 하세요."

이것은 자신이 다니는 경쟁사의 주식을 꾸준히 매수하는 '박쥐 적금'의 상품 소개서를 상상한 내용 중 일부이다. 적금처럼 꾸준히 매수하는 계획을 갖고 있다면 그날그날 변하는 주가의 변동으로부터 초연해질 수 있을까? 내가 다니는 회사의 경쟁사 주식을 매수한다면 직장 생활의 불안함이 줄어들 수 있을까? 적금 매수법과 박쥐 매수법에는 이 질문에 대한 답이 담겨 있다.

재회

"월급만 가지고는 안 되겠는데?"

이것은 벽산건설의 아픔으로 얼어붙은 주식에 대한 마음을 녹여낸 내면의 음성이었다. 나의 직장 생활의 시작에 있었던 '그래도 한군데라도 붙어서 다행이다' 싶은 마음은 잠시뿐이었고, 군대에서 받던 월급과 비교했을 때 여전히 그대로인 앞자리 숫자가 몇 달째 반복되고 나니 무언가 부족함이 느껴졌다. 기대의 언덕에 올라서 바라본 월급은 한없이 낮아 보였던 것이다. 그렇게 기대와 실망이 만들어 낸 그 틈 사이를 한동안 잊고 지냈던 주식이 파고들었다. 주식이라면 새로운 기대를 품고 살아갈 수 있지 않을까? 기대가 있는 삶은 그 자체로 의미가 있어지는 것이 아닐까?

그렇다고 재회의 손길을 덥석 잡아버릴 수는 없었다. 우리가 다시 만나면, 같은 문제로 다시 아프기만 할 뿐이라는 결말은 이미 영화를 통해 충분히 학습했기 때문이다. 예전처럼 마음으로 사서 마음으로 팔다가는 또 손해를 볼 것 같다는 불안감은 나의 사고를 다시 이성의 영역으로 인도했다. 아마도 벽산건설이 준 마지막 선물이었지 싶다. 이성의 영역에 도착한 나는 후회로 얼룩진 주식 인생을 되돌아볼 수 있었다.

우리의 문제

우리의 문제는 무엇이었을까? 따지고 보면 나빴던 일만 있었던 것은 아니다. 치밀한 분석을 통해 가려낸 주식은 아니었지만 어찌 됐든 수익을 안겨준 주식도 있었다. 하지만 그게 또 그렇게 좋은 일이었느냐고 하면 또 그렇지는 않다. 잘 고른 주식을 계좌에 담았을 때 하루하루 상승하며 달라지는 가격을 보다 보면, 왠지 자꾸만 변해가는 것 같은 그 모습에 이질감을 느끼기라도 했는지 얼마 가지 못해 극소익절로 이별을 맞이했기 때문이다. 내가 맞았다는 느낌을 어서 사실로 확정 짓고 싶은 마음이었을지도 모른다. 오르는 가격을 보고 있으면, 행여라도 다시 떨어져서 내가 틀린 것이 될까 봐 허겁지겁 팔아버리게 되는 것이다.

이러한 조급증은 가격이 떨어질 때도 나타났다. 오를 줄 알았는데 그렇지가 않으면 매일 매일이 초조했다. 혹시 내가 틀렸으면 어떡하지 불안해했다. 그러다가 극소손절을 한다. 눈덩이가 비탈길을 내려가지 못하게, 더 큰 손실을 보기 전에 싹을 자르는 것이다. 하지만 내가 누른 매도 버튼은, 시장 전체로 보면 상승 버튼인 경우가 많았다. 나의 손실은 파란 불꽃이 되어 주가 상승의 훌륭한 추진력이 되곤 했던 것이다. 있지도 않은 대하락의 싹을 자르겠다던 그 싹둑싹둑 손절에는 언제나 내 계좌만 잘려 나갈 뿐이었다. 오르게 할 수 있는 것은 나인데, 그 상승의 결실을 누리는 수혜자 명단에는 항상 내가 빠져 있었다. 나의 매도 버튼은 철저하게 이타적인 상승 버튼이었던 것이다.

그렇다고 매번 조급했던 것도 아니었다. 저평가인 줄 알았는데 고평가였던 주식, 계좌에 담고 나니 자꾸만 변해가는 주식 중에서도 왠지 모르게 이질감이 느껴지지 않는 경우도 있었다. 저평가라고 생각했던, 세상이 아직 가치를 모른다고 생각한 주식의 가격이 떨어지니 정말 나만 그 주식을 알아본 것 같은 기분이라도 들었던 것일까? 나와 주식의 관계는 돈독해져만 갔다. 너의 가치를 알아주는 나, 그리고 그런 나의 계좌에 들어온 너. 그 돈독함은 마치 암막 커튼과도 같아서 주가 변동이 주는 시장의 신호가 절대로 마음속을 비추지 못하게 했다. 그렇게 몇 달이 지나간다. 극소손절을 했어야 했는데, 그 돈독함에 취해서는 싹을 잘라내지 못한 결과가 더 큰 손실이 되어 돌아온다.

조금만 올라도 팔고, 조금만 떨어져도 판다. 그러다가 한번씩, 떨어지는 주식을 한참 동안 보유하며 손실을 키워낸다. 결국 단기간에 이루어지는 매와 매의 수익과 손실이 이루어 내는 균형을, 한번씩 '어어어' 하다가 못 팔아서 커진 손실이 파괴하면서 최종적으로는 마이너스가 되는 것이 바로 나와 주식의 관계였던 것이다. 다시 시작한다고 예전과 다를까? 이번에는 혹시 다르지 않을까 하는 기대의 언덕에서 떨어지면 오히려 더 큰 상처만 생기는 것이 아닐까?

달라져야 했다. 새로운 원칙과 기준이 필요했다. 어떤 상태를 저평가라고 볼지, 어느 정도의 수익을 보면 익절할 것인지, 손절하고 다른 투자처를 찾는 시점은 어떻게 판단해야 하는지 같은 나만의 기준이 필요했던 것이다. 하지만 그런 원칙과 기준이 새해 다짐처럼 어디서 뚝딱 나오는 것은 아니었다. 개별 종목에 대해 좋은 원칙과 기준을 세워서 접근하는 방식은 특정 산업이나 기업에 대한 철저한 분석이 가능할 때나 의미가 있기 때문이다.

"그럴 거면 애널리스트를 했지."

이것은 자기 객관화를 잘하는 개미가 되게 해주는 주문이다. 객관화가 이루어진 나는 수준에 맞는 원칙과 기준을 세우기로 했다. 특정 기업과 산업에 대한 치밀한 분석은 할수 없으니, 굉장히 일반적이고 포괄적인 원칙이라도 세워보기로 한 것이었다. 그렇게 세운 원칙은 두 개의 매수법이 되었는데, 그중 하나가 적금 매수법이고 다른 하나는 박쥐 매수법이다.

적금 매수법

어느 시점에 사야 저평가일 때 들어가는 것이고, 어느 시점에 팔아야 고평가일 때 나오는 것일까? 이러한 고민은 내 마음속을 지금 안 사면 오를 것 같은 초조함과 지금 안 팔면 떨어질 것 같은 불안함으로 가득 채우곤 했다. 그런 부정적인 감정들을 느끼는 대가로 조금의 수익이라도 주어졌다면, 나에게 주어진 그 마음 노동을 기꺼이 감내할 수가 있었을 것이다. 하지만 마음 노동의 결과는 차가웠다. 마음은 마음대로 쓰고, 손실은 손실대로 입었던 것이다. 불안과 초조는 급하게 사고 급하게 팔게 만들 뿐이었고, 급한 사고

팔기는 더 큰 손실과 더 작은 수익으로 연결되고 말았다.

　"샀어? 더 떨어질게."
　"팔았어? 더 오를게."
　내 계좌를 드나들었던 종목들과 나누었던 내면의 대화는 언제나 일방적이었고, 대부분 절망적이었다. 내 20대의 주식 생활을 돌이켜 보면 결국 불안과 초조, 그리고 그 끝에서 파랗게 빛나는 손실의 빛으로 정리될 수 있지 않을까?
　이제 새롭게 시작하는 30대의 투자는 달라야 했다. 어느 시점에 사고 어느 시점에 팔아야 최적인지를 내가 알 수 없다는 사실을 받아들이고, 시점으로부터 자유로운 매매를 할 수 있는 원칙이 필요했다. 언제가 최선인지를 알아내야 한다는 부담이 없어야 불안하지도, 초조하지도 않을 수 있고, 그래야 급하게 팔지도, 급하게 사지도 않을 것이기 때문이다. 이것은 내 자산을 지킨다는 관점에서도 그랬고, 내 감정을 보호한다는 관점에서도 그랬다. 직장을 다니는 고통 상황에서는 주식이 제공하는 불안과 초조가 초래하는 마음 비용이 더 커졌기 때문이다.

시점의 문제는 결국 관점의 문제였다. 오늘의 관점에서 보면 어제와 오늘은 너무 다르지만, 1년, 아니 한 달만 지나고 봐도 어제와 오늘은 그날이 그날이 된다. 그렇다면 나를 불안하고 초조하게 만드는 그 '얼마에 사냐'의 문제도 장기적으로 본다면 그날이 그날이고, 그 가격이 그 가격이 되어서 별로 문제가 아니게 되는 것이 아닐까? 그렇다. 자문자답의 결과는 긍정적이었다. 어떤 회사가, 어떤 종목이 괜찮아 보이고 장래가 밝다면 오늘 살지, 내일 살지, 아니면 다음 주나 다음 달에 살지는 크게 중요하지 않은 것이다. 장기적인 전망만 맞다면 결국은 상승할 것이기 때문이다. 게다가 장기 투자를 결심한 관점에서는 주가 하락에 초조해하며 급하게 팔 유인도 줄어든다. 그 회사의 근원을 뒤흔드는 거대한 사건이 아니고서야 지금의 가격 변동은 장기적 상승의 추세에서는 미미한 움직임에 불과할 것이기 때문이다.

이러한 고민의 결과로 적금에 불입하듯 주식을 사 모으겠다는 원칙이 세워졌다.* 이 원칙을 철저하게 고수한다면 만기는 길고, 중도해지는 불가능인 적금이 되는 것이었다.

그것은 일종의 반-불안, 반-초조, 뇌동매매 잠금적금이었다. 이제는 더 이상 언제 사고팔지로 불안해하거나 초조해하면서 마음 비용을 지출하는 일도, 조급하게 사고팔다가 나의 계좌를 푸르르게 덧칠하는 현대 청색주의 증권미술 사조를 답습하는 일도 없을 것만 같았다.

• 흔히 이야기하는 '적립식 매수'와 같은 개념이다.

경쟁사의 주식에
관심을 갖는 일

　매매 원칙을 정했으니, 다음으로 할 일은 종목 선정의 원칙을 정하는 일이었다. 합리적이고, 그 합리성을 실현할 수 있는 유능한 인간이었다면 모든 종목을 분석해 최고의 전망을 지닌 회사의 주식을 사는 것이 좋겠지만, 적어도 주식에 있어서는 명백하게 비합리적이고 빼어나게 무능한 개미인 것으로 밝혀진 내가 할 수 있는 일은 아니었다. 그래서 보다 단순해서 실현 가능하고, 그렇지만 나름의 근거가 있어서 수익을 보장해 줄 것이라는 기대도 품을 수 있는 원칙을 세워야 했다.

그때 관심을 갖고 있던 주식은 내가 다니던 회사인 LG 생활건강의 경쟁사인 아모레퍼시픽의 주식이었다. 2010년대 후반, 그 회사는 말이 경쟁사지 실제로는 업계 선두를 달리는 회사였다. 매출도 매출이지만, 브랜드가 갖는 이미지나 매장의 분위기, 광고에서 느껴지는 섬세한 면이 이래야 일등이 되는구나 싶기도 했다.

물론 업계를 선도한다는 것이 관심의 이유는 아니었다. 그 회사의 주식에 관심을 갖게 된 이유는, 내가 입사하고 얼마 지나지 않아 아모레퍼시픽에서 진행한 '헤라'의 대대적인 브랜드 캠페인 광고 영상 중 하나가 너무 멋졌기 때문이다. 이렇게 써놓고 보니 차라리 업계 1위라서 관심을 갖는 것이 더 합리적이고 이성적인 것처럼 보이기는 하지만, 아무튼 그때는 그랬다. 취업을 준비할 때 광고와 마케팅, 그리고 브랜드에 관심이 많았는데 그 광고는 내가 생각하던 광고나 브랜드의 가치를 여실히 담고 있었기 때문이다.

소비는 무엇일까? 사람들이 무언가를 사고, 그것을 소유하고, 또 사용한다는 것은 어떤 의미일까? 공모전을 하면서, 자소서를 쓰면서 내가 내렸던 결론은 브랜드는 부가효

용을 창출한다는 것이었다. 특정 브랜드의 제품을 소비할 때는 그 브랜드의 이미지도 함께 소비하게 된다. 기능이 어떻고, 스펙이 어떻고에 더해 다른 제품으로는 대체 불가능한 이미지 소비의 기회 역시 제공하는 것이다. 누군가는 이것을 허위라고, 거품이라고 말할 수도 있지만 어떤 이미지를 소비하고, 또 그로 인해 어떤 정서를 경험할 수 있다면, 그리고 그 정서가 자신이 원하던 것이라면 합당한 소비가 아닐까?

그렇게 본다면 가치 있는 정서 경험을 제공할 수 있는 이미지를 만드는 브랜딩 역시 중요한 일이 된다. 이런 생각을 지니다 보니 브랜드 이미지 구축을 위해 신경 쓰고, 또 그 목표를 달성하기 위해 만든 광고가 극찬을 받는 회사는 과연 투자를 할 만한 회사라고 볼 수 있었다.

하지만 이렇게 접근하는 것은 내가 원하는 원칙이 아니었다. "브랜드 가치에 신경 쓰는 회사를 찾아 투자한다"는 것은 기준이 너무 애매할 뿐만 아니라 수익을 올려준다는 보장도 없기 때문이다. 따지고 보면 지난날의 '좋아 매수법'에서 크게 달라진 것이 없기도 하다. 그러다가 눈에 들어온 것이 '경쟁사'라는 사실이었다.

박쥐 매수법

경쟁사의 주식을 산다는 것은 어떤 의미일까? 그것은 일단 쾌감이었다. 나에게 스트레스를 주는 회사, 결론을 마음속에 정해두고서는 나에게 의견을 제시해 보라고 하는 모습이 마치 아직도 나와 면접을 보고 있는 것으로 착각하고 있는 것 같은 회사, 일요일과 나의 관계를 서먹하게, 월요일과 나의 관계를 파국으로 이끈 회사의 경쟁사에 투자하겠다는 생각은 묘한 쾌감을 주는 것 같았기 때문이다.

"너 나한테 월급 줬지? 난 그 돈으로 쟤네 주식 사."

이것은 뇌뮬레이션을 통한 나만의 복수 시나리오에 등장하는 주요 대사였다. 금전적인 관점에서의 근거는 전혀 될 수 없었지만, 마음의 관점에서는 충분히 훌륭한 투자 기준이었다. 주식 투자로 하는 일탈, 주식 투자를 통해 회사에 가하는 나만의 작고 소중한 복수 같았기 때문이다.

쾌감 다음 떠오른 생각은 안정감이었다. 회사를 다니다 보니 밖에서는 보이지 않았던 회사의 안 좋은 점들이 보였다. 물론 그렇게 비합리적이고 비효율적으로 보이는 모습들이 정말로 문제인지, 아니면 회사가 운영되고 의사가 결정되는 방식을 내가 아직 이해하지 못해서 안 좋게 보일 뿐인 것인지 구분은 되지 않았지만, 어찌 됐든 나의 미래를 이 회사에 고스란히 맡겨도 되는 것일까 하는 불안감이 생긴다는 사실은 부정할 수 없었다. 하지만 별다른 방법이 있는 것도 아니었다. 다른 회사에 간다고 해서 이런 불안이 사라진다는 보장도 없거니와, 한 바구니에 담지 말라는 달걀과 다르게 취업은 어쩔 수 없이 한 곳에만 해야 했기 때문이다. 어쩌면 나의 불안이라는 것은 이중 취업 금지에 필연적으로 수반되는 감정인 것 같기도 했다.

이러한 '불안'의 관점에서 본다면 경쟁사에 투자하는 상상은 '안정감'으로 다가왔다. 업종 자체가 멸망하지 않는이상, 그리고 갑자기 등장한 혜성 같은 신생 업체가 업계 1, 2위 업체를 모두 궤멸시키지 않는 이상 선두 업체 간의 경쟁은 일종의 제로섬 게임처럼 보였기 때문이다. 그래서 내가 다니는 회사의 경쟁사 주식을 사는 것은 일종의 안정적인 투자 전략이라고 결론 내릴 수 있었다.

만약, 경쟁사의 주식을 사게 만든 나의 불안에도 불구하고 우리 회사가 실적이 좋다면 그것은 성과급을 통해 보상받을 수 있을 것이다. 반대로 나의 불안이 현실이 되어서 경쟁사의 실적이 좋다면 그것은 주가 상승, 또는 배당을 통해 보상받을 수 있을 것이다. 이렇게 된다면 노동력은 지금의 회사에 투자하고, 자본은 경쟁사에 투자하는 완벽한 리스크 헷징hedging˙ 전략이 완성되는 것처럼 보였다. 새의 편이 되었다가, 땅 짐승들의 편이 되었다가 했던 어느 이야기의 박쥐처럼 나는 회사에도, 경쟁사에도 모두 걸치고 있을

•   손실을 줄이기 위한 대비책

방법을 찾아낸 것이었다.

그렇게 박쥐 전략은 나의 종목 선정 원칙이 되었다. 수익을 보장해 준다는 관점에서는 미진하지만, 한 회사에 다닐 수밖에 없는 한계로 인해 짊어져야 하는 삶의 위험을 분산시켜 준다는 관점에서는 확실한 효용이 있었기 때문이다. 그리하여 다시 시작한 30대의 주식에 적용될 대원칙은 적금, 그리고 박쥐로 정해졌다.

박쥐 적금

    적금 매수법과 박쥐 매수법에 대한 생각을 정리하고 난 후에는 경쟁사의 주식을 매입하기 시작했다. 처음에는 갖고 있던 돈으로 몇백만 원을 투자했다. 그러고는 월급을 받을 때마다 추가로 매수했다. 그렇게 카드 회사와 나눠 갖기로 한 금액을 제외한 월급 중에서 일부를 경쟁사의 주식으로 바꿔나갔다. 나의 노동은 월급이 되었고, 나의 월급은 다시 경쟁사의 주식이 된 것이다. 이렇게 되니 노동력을 투입해서 경쟁사의 주식을 생산할 수 있게 된 기분이었다. 주식 가격이 좀 떨어지는 것 같았지만 상관없었다. 신경이 쓰이기는 했지만 넘어갈 수 있는 수준이었다. 이것은 적금이 었고, 그저 만기 전에만 붉게 물들어 결실을 맺으면 되었기 때문이다.

하지만 오르락 내리락이 내리락 내리락으로 변하고 나니 나의 심정에도 변화가 찾아왔다. 그렇다. 이것은 내가 적금이라고 부르는 것이지, 실제로는 적금이 아니었던 것이다. 그때 시작된 것은 한동안 잊고 지냈던 불안과의 재회였다. 일말의 서먹함도 없이 마음에 착 달라붙은 불안은 주식에는 바닥이 없다며 눈치 없이 재잘거리는 것 같았다. 내가 주식과 이별하게 만든 아픈 경험은, 마음속에 들어와 성숙의 꽃을 피우기보다는 두려움의 뿌리를 내렸던 것이다.

물을 타면 탈수록 두려움은 커졌다. 물을 탄다는 것은, 투자된 금액이 커진다는 일은 두려움의 뿌리를 살찌우는 일이었기 때문이다. 그렇게 적금 납입인지 물타기인지 모를 몇 달의 시간이 지나고, 잠시 찾아온 오르락 덕분에 손실이 감내할 수 있는 수준으로 줄었을 때 나는 아모레퍼시픽의 주식을 모두 매도했다.

손절 후
스트레스 장애

　완벽한 것 같았던 나의 원칙에 근거한 박쥐 적금을 중도 해지하는 데에는 1년이 채 걸리지 않았다. 가격 변동이 작을 때는 평정심이 유지됐지만, 하락폭이 커지는 것을 보면서도 그 평정심을 유지하기는 어려웠다. 게다가 적금처럼 꾸준히 매수해서 투자 원금이 커지고 나니 마음은 더욱 쉽게 요동쳤다. 여기서 '적금 같은 주식'과 진짜 적금의 차이점이 명백하게 드러난다. 진짜 적금은 시간이 지나가면서, 납입 원금이 차곡차곡 쌓여가면서 마음이 점점 더 든든해지지만 적금 같은 주식은 납입금이 쌓여갈수록 주가가 내려갈 가능성에 대한 불안감이 커질 수밖에 없기 때문이다. 당연한 것 같지만, 예상하지 못했다.

그렇게 나의 위험 헷징은 해지했징이 되었고, 나의 박쥐 적금은 쉽고 좋은 원칙을 만드는 일은 어렵다는 이미 알고 있는 사실을 되새기며 끝이 났다. 그리고 그 되새김질은 유료였다. 종목 선정을 보다 치밀하게 했다면 결과가 달랐을까? 장기적으로 성장 가능성이 높다고 생각되는 회사였다면, 그런 확신이 있었다면 계속되는 적금식 물타기가 불안의 뿌리를 더욱 살찌우지 않을 수 있었을까? 어쩌면 손실을 경험해 본, 주식에는 바닥이 없다는 경험을 해본 내 마음의 문제였는지도 모르겠다. 일종의 손절 후 스트레스 장애 같은 것이 생겼다고 볼 수도 있는 것이다.

"매도 버튼을 아무리 원칙으로 꽁꽁 싸매봐라. 내가 못 누르나."

기껏 정해놓은 원칙에도 불구하고 매도 버튼을 눌러 손절하게 만든 나의 마음, 나의 불안한 마음은 못 하는 게 없었다.

위험 헷징과
실패했징

그러고 보면 내가 하는 주식 투자에는 위험의 분산에 대한 고려가 거의 없었다. 여러 종목을 동시에 사더라도 그것은 순전히 여러 종목을 다 갖고 싶고 어느 하나만 정하기가 어려웠기 때문이지, 분산 투자의 개념으로 접근했던 것은 아니었던 것이다. 나에게 있어서 주식은 여러 가능성을 고려해 장기적으로 안정적인 수익을 내는 수단이라기보다는 잘 맞춰서 빨리 돈을 불리는 수단이었던 것 같기도 하다.

이러한 맥락에서 본다면 박쥐 적금은 '위험 분산'을 고려했다는 것만으로도 의미 있는 시도라고 볼 수가 있다. 내가 다니던 회사는 역대급 실적이 나왔고, 경쟁사의 주식은 계속 떨어졌다는 점을 생각하면 위험 분산 전략 자체도 괜찮았다고 볼 수가 있다. 심지어 조금의 손실을 보고 매도한 결정도 훌륭했다고 볼 수 있다. LG생활건강과 아모레퍼시픽 중 어느 회사가 더 유망한지를 모르는 상황에서 노동력과 자본을 분산 투자했고, 전자의 실적이 더 좋은 것을 확인한 후에 투자한 자본을 회수한 것이기 때문이다. 위험을 줄이는 대가로 조금의 손실을 입은 것이라고 한다면 위험을 성공적으로 분산시켰다고 볼 수 있지 않을까?

하지만 수익률은 이러한 분석을 반대한다. 결과적으로 내가 고른 종목의 가격이 떨어졌고, 그래서 손절을 했고, 손실이 발생했기 때문이다. 심지어 내가 다니던 회사는 역대급 실적을 선보이며 꾸준한 주가 상승을 이어갔다. 회사에 어설픈 미움을 버리고 내가 다니던 회사의 주식을 샀더라면 어땠을까? 이직을 할 것이 아니고서야 노동력을 자신의 회사에 투자하는 것은 고정된 상황인데, 그런 상황에서 확실한 근거도 없으면서 동종 산업의 다른 회사에 투자할 필요가 있었을까? 오히려 다른 산업의 회사에 투자하는 것이 좀 더 넓은 의미에서 위험을 분산하는 접근이지 않았을까 싶기도 했다. 이 이야기를 들은 사람들은 나의 위험 헷징을 실패했징이라고 불렀다. 나도 거기에 동의했다.

어쩌면 나는 아직도 위험 분산의 개념이나, 필요성에 대해 잘 알지 못하는 것 같다. 위험을 분산시켜 최악의 상황을 피하는 일의 가치에는 관심이 없고, 그래서 결과적으로 얼마를 벌었는지나 얼마를 손해봤는지에만 관심이 있기 때문이다. 아마도 위험 분산은 내가 받아들이기에는 너무 어렵고, 먼 개념인지도 모르겠다.

"야, 그럴 거면 적금을 들지."

주식 투자를 안전하게 하고 싶은 마음에 철퇴를 내리는 나의 욕심이 하는 말이다. 결과가 잘 안 됐을 때까지도 생각하며 주식 시장에 뛰어드는 개미를 상상하는 일은 쉽지가 않다. 내가 그러지 못했다는 뜻이다. 여러 상황을 고려한 기대 수익* 극대화를 목표로 해야 하는데, 내 상상대로 됐을 때의 최대 수익 극대화만 꿈꾸기 때문이다.

이렇게 본다면 나에게 필요한 것은 '기대 수익'의 개념을 명확하게 하고, 분산 투자의 가치를 인정하는 일처럼 보인다. '기대 수익'을 고려하지 못하고 '최대 수익'에 대한 기분 좋은 상상만 하다가는, 무료인 줄 알았던 그 상상에 대한 청구서가 들이닥치는 순간이 올 것이기 때문이다.

- 기댓값은 각 사건이 일어났을 때의 결과와 각 사건이 일어날 확률을 곱해서 모두 더한 값이라고 이해할 수 있다. 가령 50%의 확률로 5만 원을 얻고, 50%의 확률로 1만 원을 얻는 버튼이 있다면 이 버튼을 눌렀을 때의 기댓값은 $50,000 \times 0.5 + 10,000 \times 0.5 = 30,000$(원)이다. 이때 최대 수익은 5만 원이고, 최저 수익은 1만 원이다. 반면 50%의 확률로 20만 원을 얻고, 50%의 확률로 15만 원을 잃는 버튼이 있다면 기댓값은 $200,000 \times 0.5 + (-150,000) \times 0.5 = 25,000$(원)이다. 이때 최대 수익은 20만 원이고 최저 수익은 −15만 원이다. 최대 수익을 생각하면 두 번째 버튼이 매력적이지만, 기대 수익을 생각한다면 첫 번째 버튼을 눌러야 한다.

☐ LG생활건강에 다니면서, 경쟁사인 아모레퍼시픽의 주식을 꾸준히 사 모으는 박쥐형 적금 매수법을 사용했음

☐ LG생활건강의 실적이 좋고 아모레퍼시픽의 실적은 좋지 않았음

☐ 위험 분산의 관점에서는 적절했지만, 주식 투자의 관점에서는 손실을 남겼음

세 줄 정리

☐ 포트폴리오의 범위에 '노동력'까지 포함시킬 수 있음

☐ 종사하는 기업과 투자하는 기업을 달리할 수도 있고, 종사하는 산업군과 투자하는 산업군을 달리할 수도 있음

☐ 위험 분산의 가치를 고려하기 위해서는 기댓값의 개념을 잘 적용해야 함

해지형 인간의 적금
- 연말정산 적금

타고난 해지형 인간이기 때문인지, 적금을 자산 축적 수단으로 활용하기가 어려웠다. 정해진 수익률 외에 그 어떤 기대감도 가질 수 없는 것은 물론이고, 정해진 수익률에서 나오는 수익도 만기가 되기 전까지는 체감이 잘 안 되었기 때문이다. 그래서 5% 정도의 이율을 제공했던 과학기술인공제회*나 특판으로 나온 적금에 가입했다가도 쉽게 해지

* 첫 직장인 LG생활건강에서의 소속이 연구소였기 때문에 과학자도 기술자도 아니었지만 가입할 수 있었다.

하고 말았다. 그러다가 매번 만기까지 잘 유지하게 된 적금이 생겼는데, 그것은 바로 연말정산을 대비하기 위해 가입하는 적금이었다.

연말정산 적금의 시작에는 '손해보기 싫다'는 마음이 있었다. 특히 연말정산 이후에 돈을 돌려받을 때 느껴지는 묘한 불쾌감이 문제였다. 보통 연말정산에서 돈을 돌려받으면 기쁘지만, 돌려받는 돈이 결국 내가 미리 낸 세금이라는 점을 생각해 보면 그렇게 기쁘기만 한 일은 아닐 수 있기 때문이다.● 따지고 보면 이자 없이 국세청에 돈을 빌려줬다가 다시 받는 것이나 마찬가지인 것이다. 특히 원천징수 비율을 120%로 선택했다면 나라를 향한 무이자 대출의 규

● 연말정산의 과정을 간단하게 정리하면 ① 전년도 근로소득 및 올해의 소득에 근거해서 일단 세금을 징수한 후, ② 실제 근로소득과 세금을 덜 내도 되는 조건의 충족 여부를 고려해서 실제로 납부해야 할 세액을 최종적으로 확정하고, ①과 ②를 비교해서 미리 징수한 세금을 돌려주거나 추가로 세금을 더 징수하는 구조라고 볼 수 있다.

모는 더 커지게 된다.[*] 돈의 시간 가치에 대한 관점에서는 일단 세금을 최대한 적게 낸 다음, 부족한 만큼을 나중에 내는 방법이 더 유리한 것이다.

이러한 사고의 흐름에 기반해서 가장 먼저 한 일은 기본 공제 비율을 기존의 100%에서 80%로 변경한 것이었다. 이렇게 해서 최대한 보수적으로 소득세가 원천징수되었다. 그리고 세금을 덜 낸 돈으로 적금 상품에 가입해서 길게는 1년, 짧게는 한 달 동안 이자를 받을 수 있었다. 물론 급여 수준이 엄청나지 않기 때문에 덜 내게 되는 세금의 규모가 작을 수밖에 없었다. 만일 소득세가 월 50만 원이라고 하면 10만 원 정도의 적금만 가입할 수 있는 것이다. 그리고 월 10만 원씩 납입하는 1년짜리 적금은 4%의 이율 기준으로 2만 원이 조금 넘는 이자소득만 발생할 뿐이다.

---

[*] 원천징수는 소득을 지급하는 주체가 세금을 납부하고, 소득을 지급받는 대상은 세금을 제한 금액만 받는 방식이다. 근로소득 세의 경우 근로소득 간이세액표에 따른 세금의 80%, 100%, 120% 중에 선택해서 원천징수가 되도록 할 수 있는데, 보통은 100%로 설정되어 있다.

하지만 이 적금은 기분의 측면에서 굉장히 유익하다. '적금 가입'이라는 행동에 대해서 나라가 치킨 한 마리를 보상해 주는 것이나 마찬가지이기 때문이다. 아무튼 나는 이 치킨 적금을 5년 정도 반복했다. 연말정산에서 소득세를 추가 납입하게 될 때면 내가 나라에서 무이자로 빌린 돈으로 적금에 가입하고, 이자를 받아서 치킨을 사 먹고 있다는 생각에 기분이 좋아지곤 한다.

물타기 매수법

저축에 동기부여가
필요할 때

물타기 매수법

"소금물의 염도를 낮추기 위해서는 소금을 빼거나 물을 더 넣어야 한다. 소금물에서 소금을 빼기는 어렵다. 따라서…"

이것은 초등학교 때부터 과학을 통해 접할 수 있는 '물타기'의 일부이다. 과학 시간의 교훈을 주식의 손실률에 적용하면 어떻게 될까? 높아진 계좌의 손실률이 낮아지려면 주가가 올라서 손실액 자체가 줄어들거나, 계좌에 돈을 더 넣어서 손실을 희석해야 한다. 손실액이 소금이라면, 돈은 물인 것이다. 그리고 개인의 능력으로 특정 회사의 주가를 부양해서 손실액을 낮추기 어렵다는 점을 받아들인다면, 해당 주식을 계속 사서 주당 손실액을 낮추는 방법을 통해서만 손실률을 낮출 수 있는 것처럼 보인다. 소금을 빼기 어려운 것처럼, 손실을 빼기는 어려운 일이다. 하지만 시장에 무슨 일이 일어날지, 손실액이 얼마나 더 커질지를 모르는 상황에서, 계좌에 돈을 더 넣으며 묵묵히 주식 수를 늘려나가는 '물타기'는 우리의 구원이 되어줄 수 있을까? 물타기의 끝에서, 우리는 좀 더 싱거워진 계좌를 만날 수 있을까?

첫 만남

"처음부터 물을 타려고 만드는 소금물은 없다."

이것은 물타기로 점철된 나와 이마트 주식의 관계가 시작될 때의 회상이다. 처음부터 손실을 염두에 두고 사는 주식이 없는 것처럼, 처음부터 물타기를 염두에 두고 산 이마트는 아니었던 것이다. 아마도 2018년 초, 박쥐 적금을 해지하고 주식을 쉬고 있을 때였다. 회사 업무 포털 사이트의 주요 뉴스란에서 이마트의 미국 진출 전략에 관한 기사를 만났다. 이마트가 본격적으로 미국에 진출한다는, 핵심 전략은 신선식품을 판매하는 PK마켓 활용이라는 내용이었다.

'솔깃.'

이것은 나의 솔깃회로에 다시 전원이 공급되는 소리였
다. 딱히 살 것이 없어도 퇴근길에 롯데마트 대덕점을 한
바퀴 도는 마트 애호가로서, 결국 오프라인 마트의 핵심은
신선식품과 술이 아닐까 하는 생각을 갖고 있는 개미로서,
이마트의 미국 진출 소식은 꽤나 그럴듯해 보였기 때문이
다. 하지만 아직 아모레퍼시픽과의 여운이 남았기 때문인
지 선뜻 이마트 주식을 사지는 못했다. 며칠 동안 주식 앱
을 괜히 드나들다가 뭔가 비싸고 좋아 보이는 삼성전자 주
식을 1주 샀을 뿐이다.●

●   당시 삼성전자 1주의 가격이 약 240만 원이었는데 액면분할을
   하면 거래량이 많아지면서 주가가 오를 수도 있다는 말에 1주를
   사보게 되었다. 그러고 보면 나의 솔깃회로에는 항상 전원이 공
   급되고 있는 것 같기도 하다.

첫 매수

그렇게 한 달 정도가 지났다. 그리고 이마트 부회장이 미국 진출을 본격화한다는 기사를 다시 회사 업무 포털 사이트에서 확인할 수 있었다. 마침 삼성전자의 주가도 오른 상태라서 8만 원 정도의 수익을 실현할 수 있기도 했다. 빠르게 수익을 실현해서 '내가 맞았다'는 느낌을 내고 싶은 마음으로 빠른 매도가 가능했고, 미국 진출 이마트라는 새로운 기회에 투자해서 '내가 또 맞힐 것 같다'는 기대감을 갖고 싶은 마음으로 빠른 매수가 가능했다.

어쩌면 나에게는 주식이 고등학생 때 풀던 문제집과 비

숫한 존재였던 것 같기도 하다. 이래저래 고민을 해서 답을 고르고, 답을 확인하고, 답을 맞히면 기분이 좋아지는 과정을 주식을 사고팔면서 비슷하게 경험했기 때문이다. 다만 주식의 경우에는 오를 것 같은 주식을 선택한 이후에 실제로 올랐는지 그 답을 확인하기까지의 시간이 좀 더 걸렸고, 틀리는 경험을 통해서 잘 배운다기보다는 틀리면 돈을 잃고 끝이라는 특징이 있었다. 따지고 보면 도박에 가까웠던 것 같기도 하다.

아무튼 삼성전자를 판 돈으로 이마트를 사면서 약 3년 가까이 유지된 이마트와의 관계가 시작됐다. 그때 이마트의 가격이 29만 원 정도였고, 나의 투자 금액은 약 230만 원이었다. 이마트의 주식을 매수하게 된 가장 큰 동력은 미국 진출에 관한 솔깃이었지만, 당시의 주가 역시도 매력적이었다. 31만 원을 넘나들던 주식이 29만 원대에서 거래되고 있었기 때문이다. 미국 진출이라는 '호재'와 29만 원이라는 '할인'이 더해지니 사실상 2솔깃을 보유한 주식인셈이었고, 사지 않을 수가 없었다. 하지만 할인 기간이 생각보다 긴 것이 문제였다. 심지어 점진적으로 할인 혜택이 커지는, 체감상 재고 정리처럼 보이는 할인이 계속되었다.

그렇게 세 달이 지나자 주가는 25만 원대가 되어 있었다.

물타기와
이별

원금이 그렇게 크지는 않았지만, 손실률이 10%가 넘어가니 불안해졌다. 이러려고 만난 게 아닌데, 좋은 주식이라고 생각했는데 어쩌다가 우리가 이렇게 됐는지 마음이 심란해졌다. 하지만 선뜻 헤어질 수는 없었다. 우리 사이가 매 순간 파랗지만은 않았기 때문이다. 결국 떨어진 날이었지만 오르기도 했던 몇 시간의 붉은 호가가, 이틀 연속 떨어졌다고 해도 하루는 오르는 붉은 종가가 나를 붙잡는 것만 같았다. 그리고 생각했다. 이 흐름을 내가 이용해 보면 어떨까? 떨어진 날 사서 오르는 날 판다면 손실을 좀 줄일 수 있지 않을까?

생각의 결과는 약 400만 원의 주식을 더 사는 행동으로 나타났다. 일부를 25만 원 초반에, 나머지를 24만 원 중반에 샀더니 29만 원이었던 평단가가 26만원대로 떨어졌다. 심지어 내가 산 가격이 그날의 저점에 가까웠다 보니 물타기 전에는 13% 가까이 되던 손실률이 장이 끝날 때는 3% 정도로 낮아졌다. 게다가 손실 금액도 줄어들었는데, 이대로 조금만 더 올라준다면 손실이 거의 없는 수준으로 이마트와 이별할 수도 있을 것만 같았다.

하지만 다음 주가 되니 주가는 다시 내려갔다. 물을 타서 투자금이 커지니 주가의 변동에 내 계좌가 반응하는 정도도 달랐다. 손해를 덜 보려고 물을 타다가 익사하게 된 개미 이야기의 주인공이 될까 봐 불안해졌다. 그런 불안한 마음이 하늘의 개미구제 지원단에 전해지기라도 한 것일까? 다행히도 다음 날에는 장 초반부터 이마트의 주가가 올랐다. 그리고 어제의 불안감 덕분인지 조금의 회복에도 별 미련 없이 이마트 주식과 이별할 수 있었다. 그때의 손실률이 약 4%, 손실액은 25만 원 정도였다. 주가가 오르게 되면서, 낮은 가격에서 추가로 산 주식에서 발생한 약 7만 원의 수익이 원래 보유하고 있던 주식에서 발생한 손실액 약 32만 원 중 일부를 상쇄해 준 것이다.

물타기로 손실을 최소화한다는 계획은 나름대로 성공적이었다. 절대적인 손실액이 그리 크지 않다 보니 물타기를 통해 줄여낸 손실액도 그리 크지 않았지만, 묘한 뿌듯함이 있었기 때문이다. '주가가 떨어졌을 때 추가 매수를 하고, 주가가 회복되면 팔아서 손실을 최소화한다'는 계획을 현실로 만든 뿌듯함은 '이마트의 미국 진출이 주가 상승으로 이어질 것'이라는 예측이 틀린 괴로움을 상쇄하고도 남았다. 거기에 더해서 그 후로 며칠간 지속된 이마트 주가의 추가적인 하락은 뿌듯함에 곁들일 안도감까지도 제공해 주었다. 뿌듯함과 안도감이 더해지니 물타기 이별은 좋은 추억으로 남게 되었다.

환승 매매

이별이 만족스러웠기 때문일까? 헤어진 그날 바로 새로운 주식을 만날 수 있었다. 이름은 한미약품. 갖고 있는 '솔깃'은 특정 신체 부위의 둘레를 확대해 주는 필러의 출시였다. 이번에는 왠지 더 믿음이 갔다. 앞으로 무언가를 하겠다는 먼 미래에 대한 약속이 아니라, 눈앞에 보이는 솔깃이었기 때문이다. 어떻게 되어가고 있는지도 모를 미국 진출을 향한 기대로 하루하루 희망의 심지를 태워가며 유지되던 이마트와의 관계와는 달리, 실재하는 제품으로 미래를 그려볼 수 있는 한미약품은 나에게 확신을 주는 것 같았다.

좋은 환승이었다.

하지만 한미약품과 그려본 미래가 바로 현실이 되는 것은 아니었다. 어쩌면 이마트에 대한 실망에 사로잡힌 마음으로는 한미약품에 대한 과도한 환상을 품을 수밖에 없었던 것인지도 모르겠다. 그런 환상 속에서는 한미약품의 미래를 결정짓는 수많은 약들 중에서 하나의 신제품이 차지하는 비중이 얼마나 될지, 신체적 아쉬움이 있다고 해서 해당 제품으로 시술을 받을 사람이 얼마나 될지에 대한 고려가 불가능했던 것이다. 이별 뒤의 다급한 환승에서, 지난 만남의 결핍만을 채우려고 하는 실수를 범하고 만 것은 아닐까? 한미약품의 주가는 나의 기대와 다르게 그저 횡보할 뿐이었다. 나쁜 주식이 가고 좋은 주식이 올 수도 있겠지만, 아무래도 나의 환승 센터에는 고만고만한 주식들만 드나들었던 것 같기도 하다.

그렇게 한미약품과의 관계가 지지부진할 때 눈에 들어온 것은 이마트였다. 나의 손절이 옳았다는 것에 대한 더 확실한 증명이라도 필요했던 것인지 꾸준히도 살펴보던 이마트의 주가가 손절할 때의 25만 원보다 한참 더 낮아진

21만 원이 되어 있었기 때문이다. 그 정도로 낮아진 주가를 보니 나의 사고는 '잘 팔았다'는 생각을 넘어 '왜 이렇게 싸지?' 하는 생각을 넘어 '빨리 사야겠다'는 생각에 이르고 말았다.

'아는 주식'이 갖는 위험이 이런 것일까? 마치 과자 할인점에서 싸게 파는 프링글스를 봤을 때와 비슷한 느낌이었다. 원래 3,000원이 넘는 프링글스가 2,000원에 가까운 가격인 것을 봤을 때 '도대체 왜 이렇게 가격이 낮은 것인지'를 따지기보다는 '정말 싸다. 빨리 사야겠다!'는 결론에 이르게 되는 것처럼, 21만 원이 된 이마트는 나에게서 '왜'보다는 '빨리'를 끄집어 냈던 것이다. 결국 1%가 채 안 되는 수익을 마지막으로 한미약품과는 완전히 정리를 했다. 그렇게 다시 이마트의 주주가 되었다.

헤어질 수 없는
관계

다시 만난 이마트는 여전했다. 꾸준히 하락했다는 뜻이
다. 떨어지는 이마트를 매일매일 찾아갔다. 월급날이 돌아
오면 돈을 들고 찾아갔다. 21만 1,000원, 19만 3,000원,
18만 3,500원, 17만 9,000원, 16만 7,500원, 16만 원….
1년을 넘게 물타기를 했지만 매번 새로운 주식을 만나는
기분이었다. 그렇게 꾸준히 물타기를 하다가 보니 평단가
와 손실률은 낮아졌지만, 투자 원금과 손실액은 커져만 갔
다. 하지만 이번에는 별로 불안하지가 않았다. 이미 물타기
이별을 해본 경험이 자신감으로 적립되기라도 한 것일까?

가격이 언제까지나 내려가기만 하지는 않을 테니 계속 물을 타다가 적당한 시점에 팔면 될 것 같았다.

　"무슨 일 있는 거야? 반쪽이 됐잖아…."
　이것은 다시 만났을 때 21만 9,500원이었던 이마트가 코로나를 지나면서 9만 7,300원까지 떨어진 상황에 대한 묘사이다. 무서웠다. 투자 원금은 4,000만 원이 넘었고, 손실액도 2,000만 원에 달했다. 몇 달 치 월급이 사라진 것이다. 차라리 처음 샀던 400만 원도 안 되는 주식을 잊고 지냈다면 어땠을까? 나의 투자 실패를, 몇십만 원의 손해를 받아들였다면 어땠을까? 어쩌면 내가 하고 있는 것은 물타기가 아니라 현실 부정이었던 것인지도 모르겠다.
　현실을 있는 그대로 받아들일 수 있었다면 나는 이마트를 손절할 수 있었을 것이다. 하지만 나는 이마트가 좋은 주식이라는 판단이 틀렸다는 사실을 인정하지 못했고, 그러다 보니 조금의 손실도 받아들이기가 싫었다. 그래서 물타기를 선택했다. 가격이 내려간다는 문제는 '물타기'의 관점에서 보면 더 이상 문제가 아니었다. 물타기를 선택한 순간, 가격 하락은 '더 좋은 가격'에 추가 매수를 할 수 있는 기회가 되었기 때문이다. 그렇게 현실을 부정한 결과로 투자 원금은 10배가 넘게, 손실은 100배 가까이 불어났던 것이다.

그럼에도 불구하고 이마트와는 헤어질 수가 없었다. 경제학이 가르쳐준 매몰 비용의 개념을 적용하기에는 내 머리가 충분히 차갑지 못했던 것이다. 어쩌면 이마트 주식을 다시 샀을 때부터 '가격이 떨어진다고 해도 팔 수 없는 마음'이 뿌리를 내린 것인지도 모르겠다. 이마트를 다시 산 이유 자체가 '가격이 떨어졌다'였기 때문이다.

그나마 다행이었던 점은 코로나를 거치면서 대부분의 주식이 반토막 났다는 현실이었다. 오히려 코로나 이전부터 충분히 떨어진 이마트의 주가는 코로나의 영향력을 덜 받는 것처럼 느껴져서 강한 주식으로 보이기까지 했다. 물론 바닥에서 만난 주식들이 모두 바닥에 머물러 있지는 않았다. 어떤 주식들은 이마트보다 훨씬 빠르게 원래의 주가로 돌아왔다. 증권사에 다니던 한 친구는, "모든 주식이 바닥에서 만났을 때 이제 그만 이마트를 포기하고 어떤 주식으로든 갈아타라고 말해주려다가 말았던 것이 후회된다"
며 아쉬워하고 미안해했다. 하지만 나는 괜찮았다. 그렇게
말했어도 나는 이마트와 헤어질 수가 없었을 것이기 때문
이다. 나에게 이마트와 헤어진다는 일은 나의 선택을, 나의
물타기를, 나의 시간을 모두 부정하는 일이나 마찬가지였
던 것이다.

종목신앙게시판

"이마트가 부동산 자산만 다 매각해도… 신세계가 경영권 승계만 다 마쳐도… 쿠팡이 적자만 못 견뎌도…."

이것은 이마트 종목게시판에서 주워온 나의 빛과 소금이었다. 어느 순간 이마트가 미국 진출을 하거나 말거나는 나에게 더 이상 중요한 일이 아니게 됐다. 그렇다고 해서 이마트에 대한 나의 믿음이 단순히 '올라야 한다. 올라야 하기 때문이다'와 같은 계좌보신주의적 당위성으로만 점철된 것은 아니었다. 종목게시판에서 얻은 꽤나 그럴듯한 가설들에 기반해서 새로운 믿음을 만들어 낼 수 있었기 때문이다.

마음으로 물을 타고, 믿음으로 기다릴 수 있었던 첫 번째 이유는 이마트의 PBR Price to Book-value Ratio이 낮다는 점이었다.•

두 번째 이유는 신세계 그룹의 경영권 승계가 무사히 끝날 때까지 이마트는 주가를 부양할 유인이 없다는 이야기였다. 상속이든 증여든 그 세율이 높다 보니, 재벌 t세가 재

• PBR은 주가를 1주당 순자산으로 나눈 값으로, 회사의 시가총액이 회사가 보유한 순자산에 비해 어느 정도 수준인지를 나타낸다고도 볼 수 있다. 예를 들어 시가총액이 1,000억 원인 회사의 순자산이 4,000억 원이라면 PBR은 0.25가 된다. 당시 이마트의 PBR은 0.5가 채 안 되었다. PBR이 1보다 낮다는 것은 회사가 지닌 순자산 규모에 비해 시가총액이 낮음을 의미한다. 지금은 PBR을 청산 가치와 동일하게 보기 어렵다는 점(PBR의 계산에는 매각에 수반되는 세금 등이 포함되지 않고, PBR에 반영되는 무형자산은 현금화가 어려울 수 있다고 한다)을 알게 되었기 때문에 '이마트가 부동산 자산만 다 매각해도 주주가 손해 볼 일은 없다'는 말에 의구심을 가질 수 있지만, 당시에는 PBR이 0.5도 안 되므로 부동산만 다 팔아도 내 손실이 전부 보전될 것이라고 믿을 수 있었다.

벌 t+1세에게 주식을 충분히 넘기기 전에는 주가가 하방압력을 받을 수밖에 없다는 흥미로운 이야기에 나의 솔깃회로는 반응하지 않을 수가 없었던 것이다. 지나고 보니 음모론에 가까운 이 이야기는 뭐라도 믿고 싶던 나에게 훌륭한 근거가 되었다. 그리고 그 근거에 기반한 나의 믿음은 어서 그 어머니가 그 아들에게 하루빨리 이마트 주식을 모두 증여하기를 바라는 기도로 이어졌다.

마지막 이유는 언제나 위태로워 보이던 쿠팡의 실적이었다. 따지고 보면 이마트의 주가가 하락하는 데는 다 이유가 있었다. 오프라인 마트 규제가 이미 심한데 코로나로 인해 오프라인 마트가 더 위축되는 상황은 물론이고, 점점 치열해지는 온라인 경쟁 역시도 이마트를 위협했기 때문이다. 특히 쿠팡이 문제였다. 쿠팡의 매출이 커질수록, 이마트의 온라인은 물론이고 오프라인 사업까지도 타격을 받을 수밖에 없었다. 이러한 상황을 반영하듯 당시의 이마트는 쿠팡과 최저가 경쟁까지 벌이고 있었다. 그러다 보니 이마트 주주로서의 희망은 쿠팡의 적자에 있었다. 쿠팡이 계속 적자를 낸다면, 시장을 충분히 장악하기 전에 적자를 견디지 못하고 무너진다면 이마트에도 기회는 있을 것 같았기 때문이다. 이러한 이유로 나는 쿠팡을 이용하지 않았다. 이용하지 않는 것으로는 모자라 쿠팡의 적자와 시장 이탈을 기원하기도 했다.

하나씩 따지고 보면 수천만 원이 걸린 투자 판단을 내리기에는 이성이나 합리성이 결여된 근거들 같지만, 당시 나의 상황에서는 무엇보다도 든든한 근거이자 믿음이었다. 그렇게 종목게시판을 드나들며 쌓아 올린 신앙심은 22회에 걸쳐 총 281주를 매수하는 결과로 나타났고, 정신을 차렸을 때는 투자 원금이 5,000만 원에 육박하게 되었다.

뜻밖의 상승

그러다가 2021년 1월 8일, 2년 반 정도를 파랗게 물들
어 있던 계좌에 드디어 빨간불이 켜졌다. 혹시나 하는 기대
감에 바로 팔지는 못했지만, 혹시나 하는 불안감 덕분에 꽤
나 빠르게 정리할 수 있었다. 2021년 1월 12일, 회사 업무
포털에서 이마트의 미국 진출 기사를 접한 지 약 3년 만에
이마트와의 관계는 완전히 끝이 났다.•

그래도 버티고 버텨서 원금을 지켜낸 스스로가 대견했
다. 물론 내가 투자를 잘했다거나, 무언가를 잘 맞혀서 대견
한 것은 아니었다. 이마트 주가가 상승한 이유는 자산을 청

산한 결과도 아니었고, 신세계 그룹의 경영권 승계가 무사히 끝난 결과도 아니었고, 쿠팡이 망한 결과도 아니었기 때문이다. 이후에 알게 된 사실이지만, 실적이 안 좋아서 떨어진 이마트 주가는 그저 실적이 좋아져서 오른 것이었다. 심지어 쿠팡의 나스닥 상장을 앞두고 이커머스에 기대감이 높아지면서 이마트의 주가에도 긍정적인 영향을 미쳤다는 분석도 있었다. 결국 물타기를 할 수 있게 만들어 준 나의 믿음과 원금을 회복하게 해준 이마트의 주가 상승은 별다른 연관성이 없었던 것이다. 하지만 결과적으로 잘 버틴 것, 뭐라도 이유를 찾아가며 버틴 것은 대견해할 만했다.

"그럴 거면 적금을 들지."

이것은 2년 반 정도의 투자 끝에 약 1%의 수익을 낸 나를 때린 친구의 말이었다. 맞는 말이었다. 30개월 동안 마

• 사실은 내가 매도한 후에 떨어졌던 가격이 며칠 후 다시 오르는 것을 보고 '이제는 진짜 오르는 건가' 싶어서 17만 5,500원에 다시 샀다. 하지만 조금 떨어지는 것을 보고는 지난 3년의 경험이 반복될까 봐 17만 5,000원에 바로 팔았다.

음 고생을 하면서 만들어 낸 나의 수익 1%는, −40%까지 다녀온 당사자가 아니라면 아무런 감흥도 생길 수 없는 숫자였기 때문이다.

물타기 저축법

"저축보다는 대출 상환을 할 때 돈을 덜 쓰게 되고, 대출 상환보다는 물타기를 할 때 돈을 덜 쓰게 된다."

이것은 이마트와 재회한 이후의 30개월에 대한 요약이다. 저축을 하면 돈이 쌓이고 이자를 얻을 수 있다. 대출을 상환하면 부채가 줄어들고 이자 비용을 줄일 수 있다. 여기에 인간이 갖는 손실회피성향loss aversion•을 적용해 보면 저축보다 대출 상환의 동기가 강하다는 말을 이해할 수 있다. 같은 100만 원이라고 해도 저축을 해서 3만 원의 이자를 받는 일(이익)보다, 대출을 상환해서 3만 원의 이자 비용(손

실)을 줄이는 선택을 선호할 것이기 때문이다. 게다가 현실
에서는 일반적으로 저축 이율보다 대출 이율이 높기 때문
에, 대출을 갚아야 한다는 상황이 저축을 해야 한다는 상황
보다 돈을 덜 쓰게 만드는 현상은 너무도 자연스럽다.

그렇다면 물타기는 어떨까? '주식의 가격이 다시 오를
것이다'는 믿음만 있다면 물타기는 이익을 얻는 동시에 손
실을 줄인다는 두 가지 기대를 동시에 품을 수 있게 만들어
준다. 물타기를 통해 추가로 매수하게 되는 동기는 '지금
가격보다 더 오를 것이 기대되는 주식을 사서 이익을 얻는
다'는 측면만큼이나, '이익을 얻어서 기존의 손실을 상쇄한
다'는 측면도 강하기 때문이다.

- 손실회피성향은 기댓값이 0이라고 하더라도 손실이 발생할 가
  능성이 있으면 그 가치를 0으로 받아들이지 않는 일반적인 성향
  이라고 이해할 수 있다. 예를 들어, 50% 확률로 1,000만 원을
  얻을 수 있고 50%의 확률로 1,000만 원을 잃을 수 있는 버튼이
  있다고 했을 때 일반적으로 사람들은 이 버튼을 누르지 않는다
  는 것이다. 결국 이 버튼을 누르는 일의 가치는 음(−)이라는 의미
  가 되고, 절대 금액이 같을 때 이익보다는 손실이 심적으로 더 크
  게(부호는 반대이겠지만) 느껴지기 때문이라고 해석할 수 있다.

물론, 계좌의 관점에서 보면 다른 주식을 매수해서 발생·
한 수익으로 기존의 손실을 만회하는 방식으로도 물타기
와 같은 결론에 도달할 수 있다. 하지만 이 경우에는 손실
의 경험 자체를 직접적으로 줄여줄 수는 없다.* 다른 주식
에 투자해서 수익을 내는 전략이 상처를 잘 치료할 수 있는
방법이라면, 물타기 매수법은 상처가 애초에 없었던 것처
럼 만들 수도 있는 방법인 것이다. 결국 물타기 매수법은
이익 발생을 향한 기대(저축의 매력)와 손실 감소를 향한 기
대(대출 상환의 매력)가 더해져서 강한 절약의 동기를 제공

• 가령 이마트 주식에서 발생한 손실액이 300만 원일 때 다른 주
식에 투자해서 270만 원을 벌었고 그 사이에 이마트 주가도 어
느 정도 회복이 되어 손실액이 270만 원이 되었다면, 두 주식을
모두 매각했을 때의 합계 손익은 0이지만 270만 원의 손실 발
생과 270만 원의 이익 획득을 모두 경험하게 된다. 하지만 같은
상황(이마트 손실액 300만 원)에서 물타기를 했는데 이마트 주가
가 올라 새롭게 매수한 이마트 주식에서 270만 원을 벌고 기존
주식의 손실액이 30만 원 감소한다면 이마트 주식을 모두 매각
했을 때 손실도, 이익도 발생하지 않게 된다. 그래서 물타기는 손
실의 경험 자체를 없애줄 수도 있다.

한다고 볼 수 있다. 나의 투자 원금이 2년 반 만에 5,000만 원에 육박하게 된 데에는 물타기의 저축 유발 효과를 무시할 수 없는 것이다.

물타기의
위험성

　물타기 매수법에서 절약 정신이 제공될 수 있다는 점을 받아들인다고 하더라도, 물타기 매수법이 유익할 것인지에 대해서는 여전히 의문이 생길 수 있다. 이러한 생각은 과연 합당하다. 절약이 자산 증식으로 연결되기 위해서는 투자를 잘해야 하는데, 투자를 잘하는 것은 너무나 어렵기 때문이다. '절약'이 곧 '자산 증식'이 되지는 않는 것이다.

　만약 물타기 이후에도 계속 주가가 떨어지면 어떻게 될까? 손실은 더 빠른 속도로 증가하게 된다. 밑빠진 독에 물을 더 붓는 수준이 아니라 밑빠진 독에 물을 더 부으면서 앞으로도 옆으로도 뒤로도 물이 빠져나가는 셈이다. 이러한 상황에서는 돈을 절약해서 더 많이 투자한 일이 오히려 해가 될 수 있다. 아꼈기 때문에 더 큰 이익을 얻을 수도 있지만, 아꼈기 때문에 더 큰 손해를 입을 수도 있는 것이다. 게다가 물타기를 하는 과정에서는 주가 예측의 객관성이 낮아질 위험도 있다. 주가가 다시 회복될 것이라는 예상에 '주가가 다시 회복되었으면 좋겠다'는 소망이나 '주가가 다시 회복되어야만 한다'는 당위성이 덕지덕지 붙어서 이성적인 판단을 어렵게 만들기 쉽기 때문이다.

이렇게 본다면 물타기는 위험천만한 매수법이 된다. 따지고 보면 '투자'의 탈을 쓴 '묻고 더블로 가'인 셈이다. 물타기를 ①지난 결과를 받아들이지 않기 때문에 기존에 투입된 투자금을 회수하지 않고, ②기존에 투입된 투자금을 회수하지 않은 상태에서 투자금을 추가하기 때문에 투자의 규모가 커지고, ③커진 투자금을 지켜야 한다는 생각으로 더욱 무리한 베팅을 하게 되는 과정으로 이해할 수도 있는 것이다. 이 과정에서 물타기를 해야 하는 이유는 점점 더 강화된다. 누적된 손실은 점점 더 받아들이기 어려운 규모로 커지고, 평단가를 낮추기 위해서는 더 많은 추가 매수가 필요하기 때문이다. 어느 시점부터는 물타기가 물타기를 부르는 상황이 반복되고, 투자 금액이 너무 커져서 아무리 물을 타도 평단가에 의미 있는 변화를 만들어 내기 어려운 상황이 되었을 때는 이미 늦은 것이다.

결국 물타기는 한번 시작하기만 하면 스스로 동력을 생성해 내는 쉬운 방법인 동시에, 실패했을 때는 걷잡을 수 없이 위험해지는 매수법이라고 볼 수 있다. 그리고 이러한 위험을 고려한다면 '손절'의 중요성이 다시 평가되어야 한다. '이마트 생존기'에서 물타기라는 위기 상황 탈출법을 배우기보다는, 손절이라는 위기 상황 차단법을 배울 필요가 있었던 것인지도 모르겠다.

세 줄 요약

☐ 미국 진출 소식에 혹해서 산 이마트의 주가가 떨어져서 물타기
를 했고, 조금 올랐을 때 매도해서 별다른 손실 없이 탈출했음

☐ 탈출 이후 계속 떨어진 이마트의 주가가 너무 저렴해 보여서
다시 매수했고, 이마트 주가는 계속해서 낮아졌음

☐ 손실을 실현하기 싫어서 계속해서 물타기를 한 결과, 원금
5,000만 원과 함께 약 30개월 만에 1%의 수익률로 탈출할
수 있었음

세 줄 정리

☐ 물타기를 통해 손실률을 낮추면 원금 회복을 위해 필요한 주
가 반등의 규모가 작아짐

☐ 투자 원금이 커질수록 주가 상승의 수혜를 많이 볼 수 있지만,
주가 하락의 피해도 그만큼 커짐 (원금 10배, 손실 100배)

☐ 300만 원 손실이 두려워서 물을 타다가 3,000만 원 손실이
될 수도 있음

주식으로 복수하기
- NAVER

때는 2020년 5월, 이마트는 여전히 11만 원대에서 허덕이고 있을 때였다. 당시 나는 이직을 시도 중이었는데, 임원 면접을 보고 한 달 정도가 지나서야 결과 안내 메일을 받을 수 있었다. 불합격이었다. 매 전형마다 결과 안내까지 너무 오래 기다리게 한 것이 나쁜 기분을 만들어 줬다. 사실 서류 결과 안내가 오래 걸렸던 것은 서류 합격으로, 1차 면접 결과 안내가 오래 걸렸던 것은 1차 면접 합격으로 불만이 다 희석된 줄 알았다. 하지만 2차 면접 결과 안내가 오래 걸린 것에 대한 불만이 불합격으로 더욱 강화되자 다른 전형의 기다림들도 안 좋은 기분을 풀어내라고 뒤늦게 꿈틀대는 것 같았다.

하지만 개인으로서, 면접 탈락자로서 복수를 할 방법은 없었다. 합격하기라도 했으면 '그렇지만 저는 기다리는 것을 좋아하지 않습니다'라며 입사를 거절하는 상상이라도 해볼 수 있었겠지만 거절은 이미 내가 당한 후였기 때문이다. 그렇게 몇 달을 불만으로 시름시름 앓다가 방법이 떠올랐다. 주식 투자자로서의 나는 매수를 통해서 주가를 떨어트리는 비범한 능력을 갖추고 있었던 것이다.

매수를 통한 복수를 계획했다. 나의 능력이 제대로 발휘되어서 네이버의 주가가 떨어지면 복수는 성공이다. 물론 주가가 떨어지면서 나에게도 손실이 발생하겠지만, 그것은 일종의 복수 비용이라고 생각하면 된다. 반대로 주가가 오른다면 어떻게 될까? 복수는 실패다. 하지만 주가가 오르면서 나에게는 수익이 발생한다. 이것은 일종의 위로비라고 생각하면 된다. 이렇게 본다면 내 입장에서는 아쉬울 것이 없는 계획이었다. 주가를 예측하는 것은 내 능력 밖의 일이겠지만, 가격이 오르든 떨어지든 나는 위로나 복수 중 하나는 얻을 수 있었기 때문이다.

　결과는 복수가 아닌 위로 받기였다. 수익이 발생한 몇만 원의 돈을 위로금으로 받고 네이버 주식을 놓아준 것이다. 그렇게 불만스러운 마음은 풀어졌다. 나를 탈락시킨 회사가 나를 직접 달래준 것은 아니지만, 수익이 곧 위로금이라고 생각하니 무언가 괜찮아지는 것만 같았기 때문이다.

복습 매수법

하던 대로
사고팔기

입금완료

복습 매수법

"운은 운인지 아닌지 검증할 기회를 얻기 쉽지만, 불운은 불운인지 아닌지 검증할 기회를 얻기가 어렵다."

이것은 손실을 입힌 매수법이 '불운' 때문이었음을 입증하기 어려운 상황에 대한 해명이다. 어떤 방법으로 벌어놓은 돈이 있으면 그 돈을 보험 삼아서 같은 방법을 다시 시도해 볼 수 있지만, 어떤 방법으로 이미 손실을 입은 후에는 위험을 감수하며 같은 방법을 다시 시도해 보기가 아무래도 어렵기 때문이다. 이렇게 본다면 주식 투자에서, 특히 손실로 점철된 투자에서 '복습'의 기회는 제한적일 수밖에 없다. 여기서는 의도가 아니었지만 지나간 매수법을 복습하게 된 사례를 통해 앞서 살펴본 몇 가지 매수법의 결과가 불운이었는지 아닌지를 살펴보고자 한다. 복습의 과정에서, 과연 지나간 매수법들은 부관참시*를 피해 명예 회복까지 무사히 도착할 수 있을까?

- 　부관참시(剖棺斬屍): 사망한 뒤에 죄가 드러났을 때 처하는 극형

의문의
자신감

"처음이라 그래 십수 년 뒤엔 괜찮아져….."

이것은 '벌써 10년'이라는 주식 회고 노래를 만들게 된다면 표절하고 싶은 노래 가사[•]의 일부이다. 주식을 한 지가 어느덧 10년이 넘었지만 이렇다 할 수익을 내지 못하던 그때의 나를 달래주고 싶기 때문이다. 어쩌면 나는 주식으로 수익을 내기에는 주식 투자를 너무 쉽게 생각하는 것인지도 모르겠다. 이마트로 그 고생을 한 이후에도 달라진 것

•　벌써 일년, 브라운 아이즈, 2001

은 없었다. 마치 지각의 위기에 처해있을 때는 두 번 다시 여유 부리지 않겠다며 후회하지만 막상 제시간에 도착하게 되면 자연스럽게 후회를 반납하는 것처럼, 어찌어찌 손실을 보지 않고 이마트에서 탈출한 나의 마음에도 반성이 들어설 틈은 없었다. 심지어 그동안 마음을 가득 채우고 있던 불안감이 사라졌을 뿐만 아니라 안도감을 넘어서는 묘한 자신감까지 생겨났다.

자신감은 나를 은행주로 이끌었다. 은행주가 유망하다는 기사를 보고서는 신한은행 주식을 산 것이다. 다른 은행 주식과의 차이점이라면 주거래 은행이라는 점 정도였다. 다행히도 가격은 올랐고, 매도를 통해 4%에 조금 모자란 수익을 남겼다. 이마트에 물타기를 하면서 덩치가 커진 나의 계좌는 이틀 만에 180만 원을 벌 수 있는 계좌가 되어 있었다. 다음으로 자신감의 지시등이 가리킨 곳은 GKL이었다. 카지노가 주력 사업인 기업이었는데, 코로나로 인해 저평가되어 있다는 이야기에 솔깃했기 때문이다. 가격이 떨어졌다. 내가 사고 얼마 되지도 않아 3%나 떨어진 것이다. 손실을 남기고 주식을 모두 팔았다. 잘 모르는 기업이라 불안했고, 코로나가 갑자기 끝날 수는 없겠지 싶었다. 이마트 물타기를 하면서 덩치가 커진 나의 계좌는 하루 만에 150만 원의 손실을 입을 수 있는 계좌가 되어 있었다.

이틀의 행복과, 그 행복을 까먹은 하루를 경험하고 나니 보다 긴 안목으로 투자를 해야겠다는 생각이 들었다. 그리고 긴 안목에 어울리는 주식은 아무래도 배당주가 아닌가 싶었다. 장기적인 주가를 예측하기는 어려우니, 꾸준한 배당으로 장기적인 수익을 확보하면 될 것 같았다. 진득하게 배당주에 투자하자는 생각의 종착지는 삼성전자 우선주와 현대차 우선주였다. 망설임은 없었다. 안정적인 기업들이라고 생각했기 때문이다. −145만 664원과 −1,041만 7,465원. 각각 삼성전자 우선주와 현자차 우선주를 손절한 결과였다.[*] 안정적인 기업의 안정적이지 않은 주가였고, 떨어지는 가격을 보면서도 진득할 수 없는 나였다.

[*] 삼성전자 우선주는 10일 만에, 현대차 우선주는 7개월 후에 팔았다.

복습 1
좋아 매수법

　우선주의 시간에서 하락의 고통을 감내하고 있을 때, 눈에 들어온 주식은 데브시스터즈였다. 2021년 1월부터 하던 모바일 게임 〈쿠키런: 킹덤〉을 만든 회사였는데, 게임이 마음에 들어서 검색을 해봤더니 상장사였던 것이다. 기업의 본질… 제품의 성과… 고객 가치… 다시 처음의 마음을 떠올려 보니 금융주니 배당주니 코로나 저평가주니 하는 테마에 혹해서 끌려다닌 한 달 정도의 시간이 부끄러워졌다. 내가 잘 알고 좋아하는 제품, 실적이 그려지는 제품에서부터 다시 시작할 수 있을 것 같았다. 그해 봄이었다.

그래서 삼성전자 우선주를 팔아서 생긴 현금으로 가입한 정기예금을 해지하고 데브시스터즈의 주식을 샀다. 전형적인 '좋아 매수법'이었다. 초심으로 돌아갔더니 초심자의 행운까지 함께 돌아온 것일까? 5일 만에 수익률은 30%를 넘어갔다. 100주 중에 30주만 팔았는데도 100만 원이 조금 넘는 수익을 실현할 수 있었다. 원칙에 근거한 투자, 주가 상승, 일부 매도를 통한 수익 실현. 이제는 조금 의젓한 개미가 된 것만 같은 기분이 들었다.

그러고는 거짓말처럼 주가가 떨어졌다. 30주만 팔 때는 혹시 더 오르면 아쉬워서 어쩌나 싶었지만, 떨어지는 가격을 보니 100주를 다 팔지 않은 것이 후회되기 시작했다. 하지만 나의 뇌에서는 오히려 추가 매수파가 주도권을 잡았다. '그때 다 팔걸' 하는 후회의 고통을 필사적으로 지워내기라도 하려는 것처럼 '오히려 더 좋아'라면서 추가 매수를 하게 된 것이다. 마음은 편해졌지만, 계좌는 불편해졌다. 계좌가 불편해지니 마음도 불편해졌다. 그러다가 여름이 되었고, 8월의 20일에 현대차 우선주를 손절하면서 데브시스터즈 주식도 손절하게 됐다. −5,758,447. 그날 실현된 데브시스터즈 주식의 손실이었다. 두 주식의 손실을 합치니 −1,617만 5,912원이었다. 몇 달 치 월급이 순식간에 사라졌다. 살면서 실현해 본 가장 큰 손실이었다.

그렇게 큰 손실을 실현한다는 것이 쉬운 결정은 아니었다. 말이 몇 달 치 월급이지, 당시 회사 생활에서 월급 외에는 이렇다 할 의미를 찾지 못하고 있던 나에게는 인생 몇 개월이 의미 없이 사라지는 것이나 다름이 없었기 때문이다. 하지만 이마트와의 시간은 다른 방향의 가능성도 고려할 수 있게 해줬다. 손실이 실현되었더라도 다른 곳에 투자해서 수익을 내면 된다는 생각을 하게 된 것이다. 이러한 관점에서는 몇 개월의 인생이 아주 영영 사라지는 것이 아니었다. 잠시 이별을 해야 하는 것은 맞지만, 투자를 잘해서 수익을 내고 손실을 복구한다면 다시 몇 개월의 인생을 되찾아 오는 것도 무리는 아니었기 때문이다.

실현된 손실을 만회하기 위한 투자의 길이 시작됐다. 시류에 휩쓸려 카카오뱅크 주식을 샀다가 손실 만회의 난이도를 200만 원 넘게 상향시키기도 했고, 별생각 없이 산 NH투자증권 주식에서는 50만 원 정도의 수익을 내기도 했다. 쉽지 않았다. 그러다가 눈에 들어온 것이 최근 종목에 여전히 남아 있던 데브시스터즈였다. 들썩이는 주가를 보니 상황이 좀 달라진 것인가 싶었다. 등락의 흐름을 잘 맞히기만 한다면 잃어버린 몇 개월을 되찾는 데에 도움이 될 것 같았다. 실제로도 그랬다. 첫날에는 65만 원의 수익을, 다음 날에는 250만 원의 수익을 실현하면서 카카오뱅크의 손실을 씻어냈을 뿐만 아니라 잃어버린 몇 개월을 조금이나마 회수할 수 있었던 것이다.

하지만 문제가 생겼다. 2시간도 안 되어 11만 5,600원에 매수한 주식을 11만 9,700원에 매도하고, 11만 8,300원에 다시 매수한 주식을 11만 9,600원에 매도하는 것까지는 좋았는데, 내가 매도한 후에 주가가 급격하게 올라서 13만 원에 근접한 것이었다. 무언가 심상치 않았다. 상승하는 주가는 미국에서의 성과가 가시화되고 있다는 기사를 더욱 그럴듯하게 만들어 줬다. '수입산 솔깃'이었다. 모처럼 찾아온 행운을 '단타'에 빠져서 놓친 것은 아닐까? 이 정도로 가파르게 상승하는 데에는 그럴 만한 이유가 있는 것이 아닐까? 지금이라도 장기적인 안목으로 접근하는 것이 좋지 않을까? 수익을 놓칠 수 있다는 생각, 수익을 놓치면 손실을 메꿀 수 없다는 생각, 손실을 메꿀 수 없다면 몇 개월의 인생이 사라진다는 생각은 11만 9,600원에 매도한 주식을 다시 12만 9,300원에 매수하게 만들었다.

복습 2
수입산 솔깃

11만 9,500원. 장기 투자를 결심하며 12만 9,300원에 전량 매수한 날의 종가였다. 조금 불안했지만 괜찮았다. 아직 인생 최대 손실에는 근접하지도 못했고, 하루 안에도 가격 변동폭이 큰 주식이었기 때문이다. 다행히도 다음 날부터 다시 상승세가 이어졌다. 그러다가 이틀 만에 주가는 다시 13만 원을 넘었고, 주식 인생에서 가장 행복했던 시간이 시작되었다.° 15만 6,500원, 17만 7,200원, 16만 2,700원, 18만 6,000원. 기나긴 추석 연휴를 포함한 약 2주 동안 데브시스터즈의 주가는 40% 가까이 상승했다. 그리고 나의 계좌는 지금까지 경험해 볼 수 없었던 크고 붉은 수익의 덩어리를 지니게 되었다. 행복했다. 추석 연휴 동안 게임을 하면서 역시 재밌다며 제품을 더 좋아하게 됐고, 각종 시황을 복습하며 미국이니 중국이니 하는 나라들에서의 밝은 전망은 그 솔깃함을 더해만 갔다.

물론 이러한 상승이 영원할 것이라고 생각하지는 않았다. 벽산건설의 교훈을 잊지 않았던 것일까? 내 마음속에는 어느새 20만 원이라는 목표가가 정해져 있었다. 어떤 정교한 시스템에 의해 산출된 값은 아니지만, 목표라는 것은 왠지 딱 떨어지는 숫자가 어울리는 것 같았기 때문이다. 그렇게 된다면 현대차 우선주와 지난날의 데브시스터즈가 남긴 손실을 회복하고도 3,000만 원 정도가 남는 행복의 상황이 펼쳐질 예정이었다. 이러한 바람이 아주 헛된 것도 아니었다. 실제로 장중 최고가는 19만 9,500원이 되기도

• 가장 짜릿했던 순간은 아무래도 상한가로 장이 시작되었던 벽산건설의 시간이었다. 하지만 당시에는 투자 금액이 크지 않았기 때문에 인생에 미칠 영향력에 대한 기대가 크지 않아 행복의 측면에서는 데브시스터즈에 견줄 수가 없었다.

했다. 아쉽게도 장중 최고가 이후의 주가는 다소 차분한 모습이었고, 18만 6,000원에 장이 마감되었다. 나의 매도 주문은 체결되지 않았다. 다음을 기약해야 했다.

하지만 다음은 없었다. 최고가를 기록한 이후, 데브시스터즈의 주가는 등락을 반복했다. 말이 등락이지 실제로는 강락 중간등을 반복하며 주가는 약 2주 만에 14만 원 아래로 내려갔다. 이것은 흡사 벽산건설이었다. 어쩌면 벽산건설보다 손절하기가 더 어려운 상황이었다. 아침에 눈을 뜨면 하한가에 몰려 있는 매도 잔량이 강력한 탈출 신호를 보내주던 벽산건설과 다르게, 데브시스터즈의 주식은 떨어지는 중에도 한 번씩 상승하는 희망의 날갯짓으로 탈출 신호를 교란시켰기 때문이다.

"속인 주식은 없지만, 속은 사람은 있다."

이것은 데브시스터즈와 나의 관계에 대한 제3자적 진술이다. 수요와 공급에 따라 움직이는 주가에서 억지로 희망을 발견하며 매도를 주저한 행동은 결국 나의 선택이었던 것이다. 수천만 원의 수익은 점점 사라졌고, 어느새 현대차 우선주와 지난날의 데브시스터즈가 남긴 손실을 복구해 줄 수익도 남지 않게 되었다. 그렇게 행복의 시간은 끝이 났고, 수입산 솔깃에 대한 기대감은 쫄깃한 추락에 대한 공포감으로 대체되어 갔다.

복습 3
적금과 물타기

"일억 칠백칠십구십만 구천사백 원."

이것은 488주에서 시작해서 어느새 1,200주가 되어버린 내 계좌 속 데브시스터즈 주식의 매입 금액이다. 2023년 2월까지 약 1년 반 정도의 기간에 적금형 물타기를 실천한 결과였다. 처음부터 이렇게 나의 모든 순간을, 나의 삶과 맞바꾼 근로소득의 대부분을 투자할 생각은 없었다. 19만 9,500원에 닿았던 주식이, 50%에 가까운 수익을 보여줬던 주식이 차분하게 제자리로 돌아가는 모습을, 제자리를 지나 바닥으로 곤두박질치는 모습을 받아들일 수가 없었던 것일까? 상승기의 행복이 너무 강렬했던 탓인지, 하락이라는 현실 속에서도 자꾸만 희망을 찾으려고 했다. 이 주식이 원래 이런 주식은 아니라며, 며칠에 한 번 상승하는 날이 이 주식의 참된 모습이라며 하락의 현실을 부정했다.

　어쩌면 나쁜 연인과의 관계에서 헤어 나오지 못하는 이의 심정이 이와 같지 않을까 싶었다. 나쁜 연인이라고 해서 순전히 나쁘기만 한 사람은 아닐 것이다. 오히려 나쁘기만 한 사람이면 쉽게 빠져나올 수 있을지도 모른다. 하지만 우리가 '나쁜 연인'이라고 할 때의 그 '나쁜'은 언제나 좋은 순간을 동반한다. 그 좋은 순간은 연애 초기일 수도 있고, 반복되는 나쁜 연애의 틈을 비집고 새어 나오는 찰나일 수도 있다. 그러다 보니 헷갈린다. '늘 나쁜 것은 아니야'라는 생각에 희망을 품게 되고, 내가 더 잘하면 '좋은 순간'의 빈도를 증가시킬 수 있을 것만 같다.

　나도 그랬다. 데브시스터즈라고 해서 순전히 나쁘기만 한 주식은 아니었다. 매수 초기에 보여줬던 상승, 계속되는 하락의 틈을 비집고 들어오는 찰나의 반등, 그러다 보니 헷갈렸다. '떨어지기만 하는 주식은 아니야'라는 생각에 희망을 품게 되고, 내가 좀 더 버티면 예전의 그 '좋은 주식'으로 돌아올 수가 있을 것만 같았다. 그 마음은 총 17번의 매수 주문으로 나타났다. 2021년 9월부터 2023년 2월까지 소중한 월급으로 적금처럼 물타기를 했다. 그러는 동안 평단가는 12만 9,300원에서 8만 9,948원으로 낮아졌다.

물론 희망만으로 물타기를 지속할 수는 없었다. 어느 순간부터는 데브시스터즈 주가에 이렇다 할 기대가 없는 상태가 되었기 때문이다. 내가 좋아하던 〈쿠키런: 킹덤〉은 주가를 회복할 정도로 세계적인 게임이 되는 데에 실패했고, 20만 원이라는 목표는 먼 옛날의 희미한 꿈처럼 느껴졌다. 그럼에도 불구하고 자꾸만 물타기를 할 수 있었던 이유는 평단가가 낮아지면서 목표가도 낮아진 데에 있다. 손실 복구가 목표인 나에게는 평단가가 곧 목표가였던 것이다. 이 것은 일종의 늪 같았다. 가격이 낮아지면 '이럴 주식이 아닌데'라며 물타기를 하고, 물타기를 하면 목표가가 낮아지면서 주가 하락에 대한 고통이 희미해졌다. 물타기를 하면서 내 계좌의 손실률이 묽어진 것은 물론이고, 주가 하락에 대한 감각도 희미해져 버린 것이었다.

주가 하락에 대한 감각이 또렷했다면 계속되는 하락에 위험을 느끼고 손절을 감행할 수도 있었겠지만, 물타기를 하면서 무뎌진 감각으로는 주가 하락이 보내는 손절의 신호를 탐지할 수가 없었다. 그러다가 주가가 5만 원 아래로 내려가니 무뎌진 감각에도 위험 신호가 전해졌다. 더 이상 물타기를 할 엄두가 안 났다. 하지만 손절을 할 수도 없었다. 5,000만 원이 넘는 손실을 실현하는 일은 너무 무섭게 느껴졌기 때문이다. 그러한 손실을 받아들이고 현실로 인정할 자신도, 다른 투자를 통해 5,000만 원을 복구할 자신도 없었다. 결국 이마트 때와 마찬가지로 손실을 받아들일 수 없는 마음이 문제였다.

여러 번 지나고 나야
보이는 것들

"아하!"

이것은 지나간 매수법을 복습한 결과에 대한 요약이다. 다시 경험해 본 후에야 깨달았다는 뜻이다. 깨달음의 일부는 나의 매수법이 수익을 보장해 주는 방법이 아니라는 점에 대한 확인이었다. 좋아서 주식을 산다거나, 솔깃한 정보가 있어서 산다거나, 적립식으로 산다거나, 물타기를 한다거나 하는 방법 자체가 수익을 보장해 주지 않았기 때문이다. 깨달음의 나머지 부분은 매수법이 손실로 직결되는 방법도 아니라는 점에 대한 확인이었다. 비록 손에 쥘 수는 없었지만, 수익이 손에 닿을 것 같았던 순간들이 분명히 존재했기 때문이다.

무엇이 문제였을까? 데브시스터즈와의 시간이 나에게 가져다준 진단은 '좋은 매도법'의 부재였다. 수익을 실현하는 일도, 손실이 더 커지는 것을 막는 일도 결국은 매도 버튼을 통해 이루어진다는 점을 간과하고 있었던 것이다. 매수법이 완벽할 수는 없다. 영원히 오르는 주식을, 결코 떨어지지 않는 주식을 찾을 수는 없기 때문이다. 그래서 더 떨어지기 전에 팔 수 있게 해주는 매도법을 통해 매수법의 불완전함을 보완해 줄 필요가 있었다. 하지만 그러지 못한 나였다.

그러고 보면 나의 매수법은 나에게 많은 위기 못지않게 많은 기회도 가져다줬다. 벽산건설의 상한가가 그랬고, 데브시스터즈의 19만 9,500원이 그랬다. 하지만 그렇게 '사야 할 근거'를 찾기에 여념이 없던 나는 '팔아야 할 근거'를 찾는 일에는 너무 무관심했던 것 같다. 그러다 보니 기회를 잡기도, 위기를 잘라내기도 어려웠던 것이 아닐까? 아직도 계좌에 남아 있는 데브시스터즈 주식은 나의 이러한 문제를 잘 보여준다. 기회를 잡지 못한 것은 물론이고, 위기를 잘라내는 데도 실패했다. 그 결과 수익률은 −40~50%를 넘나들었고, 다른 주식에 투자해 볼 기회를 모두 반납해야 했다.

어쩌면 복습 매수법은 매수법에 대한 복습의 시간이 아닌, 지나간 주식 투자를 돌이켜 보는 회고의 시간이었다. 그리고 회고의 결과로 나의 주식 투자가 마치 야구공을 치는 것만 연습하고, 언제 뛰고 언제 멈춰야 하는지는 전혀 고민을 하지 않는 타자와 같았다는 사실을 알게 되었다.* 매번 홈런만을 꿈꾸면서 다른 연습은 너무 게을리한 것은 아닐까? 좋은 주식을 잘 고르기만 하면, 담장을 넘긴 수익률이 어떻게 뛰고 멈추는지와는 무관하게 계좌의 수익 점수를 올려줄 것이라고 생각했던 것은 아닐까? 어쩌면 홈런에 대한 집착은, 그러니까 매수법에 대한 집착은 매도에 대한 자신감 결여가 표출되는 방식이었던 것인지도 모르겠다.

* 심지어 타율도 낮다.

세 줄 요약

☐ 데브시스터즈 게임을 하다가 마음에 들어서 데브시스터즈의 주식을 샀지만 주가가 하락해서 다른 주식과 함께 몇 달 치 월급만큼 손절함

☐ 미국 진출 소식에 솔깃해서 다시 매수하고, 2주 만에 수익이 40% 올랐지만, 원하는 가격에 조금 못 미쳐서 매도하지 못함

☐ 계속되는 하락에 2년 가까이 1,200주까지 매수하며 물타기를 하는 과정에서 원금 1억여 원과 -50%를 기록했음

세 줄 정리

☐ 실패한 매수법을 다시 검증하는 일은 어려움

☐ 가격이 오를 종목을 찾는 기회는 생각보다 많을 수 있지만 언제, 얼마까지 오를지를 맞추기는 어려움

☐ 매수를 잘하는 일 못지않게 매도를 잘하는 일도 중요함

좋아 매수법의 확장
- 좋아 이직법

'좋아 매수법'은 주식 매수에만 한정되지 않았다. 데브시스터즈의 게임에 푹 빠져서 어떻게 이런 귀여운 게임을 만들었을까 감탄하다가 데브시스터즈로 이직을 하게 된 것이다. '좋아 이직법'이었다. 2022년 5월, 데브시스터즈의 주가가 낮은 곳으로 임하고 있을 때였다. 물론 주가가 하락하는 회사로의 이직을 잘못된 선택이라고 볼 수도 있다. 하지만 괜찮다고 생각했다. 어떻게 보면 주가가 떨어지고 있는 상황은 시장의 과도한 기대감으로 과열된 주가가 정상 가격으로 돌아가는 과정이라고 해석할 수도 있었기 때문이다. 이렇게 본다면 직장으로서의 기업은 괜찮지 않을까 싶었다. 게다가 주식을 보유한 채로 입사한다는 것도 나름의 장점이 있을 것 같았다. 내가 지분을 주면서까지 모셔갈 인재는 아니지만, 마침 주식을 보유하고 있으니 일종의 셀프 RS Restricted Stock®라고 볼 수 있었다. 열심히 일해서 회사가 잘 된다면 주가가 오를 것이고, 그러면 내 계좌의 손실을 복구하는 데에도 도움이 되지 않을까? 나의 행복회로는 쉴 틈이 없었다.

실제로 직장으로서의 데브시스터즈는 주가 하락과는 무관한 것처럼 느껴졌다. 게임과 IP에 대한 열정으로 가득한 사람들과 함께 일할 수 있었고, 복지도 좋았다. 그래서 물타기를 계속하게 된 측면도 있다. 이런 회사라면 결국 잘되지 않을까? 일단 2년 동안은 아니었다. 8분기 연속 적자가 지속되면서 주가 하락과 복지 축소라는 이중의 고통을

● 조건부 주식. 지급된 주식을 특정 조건을 충족한 이후에 팔 수 있게 한다거나(RSA Restricted Stock Award) 특정 조건을 충족한 후에 주식이 지급되는(RSU Restricted Stock Unit) 등 조건이 걸려 있는 주식 보상의 형태.

감내해야 했다. 그래서 행복회로 가동 범위의 확장이 필요해졌다. 전 직장이었던 LG생활건강의 성과급이 축소된 소식이라거나, 20km 가까이 되던 통근 거리가 10km도 안 되게 줄어든 점 등을 긁어모아서 '좋아 이직법'의 결과를 계산하는 데에 보탤 필요가 있었다.

다시 셀프 RS 이야기로 돌아오면, 내가 다니는 회사의 주식을 보유하고 있다는 사실이 일을 하는 데 있어서 긍정적으로 작동하는 측면이 있기는 했다. 전체 지분의 몇 %로 표현이 가능할 정도의 주식을 보유하고 있는 사람들에 비할 바는 못 되겠지만, 1억 원이 넘는 나의 돈이 투자되어 있다고 생각하니 의욕이 넘쳤기 때문이다. 박쥐 매수법이 자사에 대한 불만을 증폭해 주면서 경쟁사를 응원하는 방식으로 작동했다면, 좋아 이직법은 자사를 응원하고 업무에 몰두하게 만드는 방식으로 작동하는 것이었다.

2024년이 되면서 회사는 적자에서 벗어났다. 내 계좌의 형편에 별다른 도움은 안 되었다. 2025년에 이르렀을 때, 내 계좌의 수익률은 -60%를 넘어섰다. 좋아 이직법이 회사를 다니는 데에 동력을 추가해 준 것은 맞지만, 그렇게 동력이 추가된 동력이 주가 상승으로 이어지지는 않았던 것이다. 나의 역량 부족이었을까? 아니다. 나의 행복회로는 '한 개인이 회사 주가에 영향을 미치기는 어렵다'는 결론을 선택했다.

2부

유형편

개미의 마음

2부에서는 주식 매매에 알게 모르게 영향을 미친 개미의 마음을 유형별로 정리해 보고자 한다. 돌이켜 보면 개미로서의 나는 불안에 취약한 유형이면서, 불안을 근거 없는 확신으로 덮어버리는 유형이었다. 게다가 주식에 과도하게 감정적으로 반응하는 유형인 동시에, 주식을 투자가 아닌 쇼핑처럼 접근하는 유형이기도 했다. 각각의 유형은 주식 투자에 어떤 영향을 미쳤을까? 투자에 어울리지 않는 마음을 모래주머니처럼 채우고 있는 것이 나의 주식 투자를 남들의 주식 투자보다 어렵게 만드는 것은 아닐까?

⑦
불안형 개미

올라도 불안,
떨어지면 더 불안한 타입

입금완료

불안형
개미

불안한 마음은 위험으로부터 우리를 지켜주기도 하지만, 기회로부터 우리를 움츠러들게 만들기도 한다. 이는 주식 투자에서도 비슷하게 적용된다고 볼 수 있다. 불안이 손실로부터 우리를 지켜주기도 하지만, 과감한 투자를 막기도 하는 것이다. 결국 불안 수준이 너무 높아도 안 되고, 너무 낮아도 안 되니 '적정 불안 수준'을 유지해야 한다. 하지만 불안 수준이 높은 불안형 개미에게는 아무래도 '적정 불안 수준'을 유지하는 일이 어렵게만 느껴진다. 나에게 주식 투자가 어려웠다는 뜻이다. 불안 수준이 높은 불안형 개미가 주식 투자를 하게 되면 어떤 일이 일어날까? 여기서는 불안이 어디에서 유발되는지, 또 불안을 해소하려고 어떤 노력을 했는지를 살펴보면서 불안형 개미의 주식 투자에 대해 살펴보고자 한다.

마음 주도형
매도

"떨어지면 떨어져서 불안하고 오르면 올라서 불안하다."

이것은 주식 투자의 장면에서 내가 겪는 불안에 관한 설명이다. 떨어질 때는 손실이라는 상태가 유지될지도 모른다는 측면에서, 오를 때는 수익이라는 상태가 유지되지 못할 수 있다는 측면에서 불안했기 때문이다. 중요한 것은 이두 가지 불안이 그저 주식 투자의 과정에 수반되는 부산물에 불과하지 않았다는 점이다. 불안한 마음은, 오히려 능동적인 위치에서 나의 의사 결정에 영향을 미쳤다. 그래서 나의 매도는 대개 안절부절못하는 마음이 터져 나온 결과물이었다. 손실이 나면 불안해서 팔고, 수익이 나도 불안해서 파는 나의 매도는 일종의 마음 주도형 매도였던 것이다.

　손실의 상황에서 불안한 마음이 생겨나는 것은 납득이 쉽다. 손실이 발생하는 상황은 결국 매수할 때의 예측이 틀렸다는 의미가 되기 때문이다. 떨어지는 주식의 가격을 보면서 예측이 잘못되었음을 깨닫고, 불안한 마음이 생겨나고, 그 불안에 의해 주식을 매도하는 흐름은 자연스럽다. 하지만 수익이 나는 상황에서의 불안은 조금 의아할 수 있다. 예측대로 됐는데 무엇이 불안한 것일까? 돈도 벌고 있는데, 다시 떨어진다고 해도 바로 손실이 되는 것도 아닌데 무엇이 그렇게 불안했을까?

　가격이 올라도 불안에 대한 나의 이유는 크게 두 가지로 정리될 수 있다. 그중 하나는 '수익을 잃고 싶지 않다'는 마음이었다. 나름대로의 근거들로 주식을 사고, 어찌어찌 그 근거들에 부합하는 방향으로 가격이 상승할 수는 있었다. 하지만 그 상승이 언제까지 이어질지나 이 주식을 얼마에 팔아야 하는지에 대한 예측까지 준비된 것은 아니다 보니 수익을 잃을지도 모른다는 불안이 생겨나는 것이다.

가격이 올라도 불안했던 또 다른 이유는 '틀리고 싶지 않은 마음'에 있었다. 매도를 통해 수익을 실현하지 않으면 가격이 떨어져 수익이 사라질 가능성에 노출되는데, 수익이 없어지는 것을 받아들인다고 해도 예측이 틀리는 것이 여전히 문제가 되기 때문이다. 이런저런 논리와 근거가 올바른 예측을 만들어 주지 못했다는 결과는, 앞으로의 매매도 수익을 내기 어렵다는 상상으로 연결되었던 것이다. 하지만 수익이 났을 때 매도를 한다면 이러한 문제는 발생하지 않는다. 애초에 나의 예측이 '언제까지 얼마나 오른다'는 구체적인 형태가 아니었다 보니, 얼마가 됐든 수익이 있는 상태에서 매도를 하기만 하면 맞는 예측이 될 수 있는 것이다.

결국 나의 불안은 ①손실이 더 커지는 것이 싫거나, ②수익이 줄어드는 것이 싫거나, ③나의 매매 방식이 잘못되어서 앞으로도 주식으로 수익을 내기가 어려울 것이라는 선고를 받는 것이 싫거나 중에 하나라고 볼 수 있다. 만약 매수에 근거가 되어준 예측이 보다 믿음직스러웠다면 이 불안은 크게 문제가 되지 않았을 수도 있다. 어느 정도 시기에, 어느 정도의 가격이 형성될 것인지에 대한 기준과 믿음이 있었다면 단기적으로 손실이 조금 발생했다 하더라도, 수익이 조금 줄어든다 하더라도 그저 과정으로 받아들이면서 그렇게 불안하지는 않았을 것이기 때문이다. 하지만 그런 예측을 해내는 일은 불가능에 가까웠다.

덜 불안한
주식

"잘 알려진 회사의 주식을 사자!"

이것은 불완전한 예측이 유발하는 불안감을 최소화하기 위한 내 마음속의 매수 기준이었다. 애초에 내가 한 예측만으로는 확신을 갖기 어려우니, 예측의 대상 자체를 '믿을 만한 기업'으로 좁혀서 단기적인 주가 변동에 대한 불안을 어느 정도 해소하겠다고 생각한 것이다. 잘 알려진 기업은 적어도 단기간에 망하지는 않을 곳, 일시적인 하락기가 왔다고 해도 다시 일어설 곳처럼 느껴졌기 때문에 단기적인 가격 변동에 덜 민감해도 될 것 같았다.•

믿을 만한 기업의 기준이 그렇게 까다롭지는 않았다. 큰 규모, 오래된 역사, 익숙한 상품·서비스 등의 조건을 일부라도 충족하면 '믿을 만한 기업'으로 분류될 수 있었다. 각각의 조건에 어떤 구체적인 기준이 있는 것도 아니었다. 그저 마음의 기준이다 보니 큰, 오래된, 익숙한 '느낌' 정도면 충분했다. 현대차, 오리온, 빙그레, 아모레퍼시픽, 삼성전자, 이마트, 신한은행 등 그동안 매수했던 주식의 대부분은 그런 '느낌'을 갖고 있었다. 어떻게 보면 시가총액 규모가

- 반대의 사례로는 코인을 생각해 볼 수 있다. 코인의 가치가 어떤 메커니즘을 통해 형성되는지, 그 활용 가치가 어떤지를 전혀 모르는 상황에서 투자를 한 결과, 하락에 굉장히 민감하게 반응하게 되었던 것이다.
  코로나가 한창이던 때 친구를 따라서 몇만 원씩 사본 '클레이튼' 이라는 코인의 매수 금액이 어느새 100만 원을 넘겼을 때부터 나의 마음속 불안은 활동을 시작했다. 가격이 조금만 내려가도 이대로 휴지 조각이 되는 것은 아닌지 걱정이 되었고 −10만 원이 되었을 때 더는 견디지 못하고 손절을 할 수밖에 없었다. 만약 코인에 대한 이해와 믿음을 바탕으로 투자했다면, 내가 감당해야 할 판단은 −10만 원이 −11만 원이 되는 것을 감당할 수 있는지로 제한되었을 수도 있다. 하지만 코인에 대해서 아는 것이

어느 정도 되는 '대형주'라고 생각해도 될 것 같다. 아무튼 이러한 기준으로 주식을 선정하다 보니 '테마주' 같은 자극에는 나의 매수 회로가 크게 들썩이지 않았다. 최근에 주가가 상승했다는 이유로, 시장의 돈이 집중되고 있는 테마라는 이유로 잘 모르는 기업의 주식을 사는 경우는 거의 없었던 것이다.

물론 내 나름의 '믿을 만한 기업'들에 투자한 결과가 큰 수익으로 이어지지는 않았다. 하지만 나처럼 투자에서의

전혀 없는 수준인 나에게는 언제 휴지 조각이 되어도 이상하지 않다는 평가밖에 할 수 없었고, 그런 수준의 평가는 매 순간 내가 감당해야 할 불안을 −100만 원짜리 불안으로 키워줬다. 그러다 보니 손절의 압박감이 심할 수밖에 없었다.
(친구는 2020년 초부터 대부분의 소득을 코인에 투자했는데, 한때는 계좌의 수익이 5억 원에 근접했다. 당시 사귄 지 얼마 안 된 남자친구를 공개하라는 친구들의 성화에 클레이튼이라는 코인이 2,000원을 넘으면 공개하겠다고 약속했는데, 내가 손절할 때는 몇백 원이던 클레이튼의 가격은 거짓말처럼 2,000원을 넘겼고 친구는 남자친구 이야기를 우리에게 들려주게 되었다. 친구의 수익 5억 원은 알트코인의 약세와 함께 사라졌지만, 당시 공개했던 남자친구는 지금의 남편이 되었고, 둘은 행복하게 잘 살고 있다.)

불안형 개미

불안 수준이 높은 사람에게는 지금의 결과가 그나마 다행이라고 볼 수도 있다. 잘 모르는 기업의 주식을 샀다면 조금의 가격 변화에도 마음이 불안하고, 마음이 불안하면 자주 사고팔게 되고, 자주 사고팔게 되면 수익률이 더 떨어졌을 것이기 때문이다. 여기에는 나의 투자 실력에 대한 냉철한 현실 인식이 적용되었다. 내 수준에서는 거래 횟수가 늘어난다고 해도 성공적인 투자의 횟수는 함께 증가하지 않을 수가 있는 것이다. 오히려 잦은 손절과 작은 익절로 손실이 더욱 빠른 속도로 쌓였을 것이기 때문이다.

매매 횟수와
기대 수익률

"탈락 횟수를 줄이는 효과적인 방법 중 하나는 응시 횟수를 줄이는 것이다."

이것은 대한매매빈도관리협회의 회장이 된다면 만들고 싶은 현수막 문구 중 하나다. 나처럼 투자 실력이 좋지 못한 사람의 경우에는 매매가 빈번할수록 수익과 점점 멀어질 것이라고 생각하기 때문이다. 이 가설은 '기대 수익률'과 '수익률의 안정성'이라는 개념을 바탕으로 따져볼 수 있다.

투자 실력을 '좋다'와 '나쁘다' 두 개로만 평가한다면, 기대 수익률이 0%를 초과하는 경우에는 투자 실력이 좋은 것으로, 기대 수익률이 0% 미만인 경우에는 투자 실력이 나쁜 것으로 구분될 수 있다. 그리고 '기대 수익률'만을 기준으로 했을 때는 투자 실력이 좋으면 매매 횟수가 늘어날수록 수익 금액이 더 커질 것이다.●

하지만 '안정성'이라는 변수를 추가하면 결과는 달라질 수 있다. 만약 내가 10번의 매매를 통해 5번은 익절을 하고 5번은 손절을 할 수 있다고 했을 때, 50번의 매매나 100번의 매매에서도 그 익절의 비율을 유지할 수 있을까? 이 질문을 "1년이라는 시간 동안 수익이 기대되는 종목을 5번 찾는 일과 50번 찾는 일의 난이도는 동일한가?"로 바꾼다면 답은 부정적인 쪽으로 더 쉽게 기울어질 것이다.●●

● 거래 수수료와 증권거래세가 없고, 기대 수익률이 변하지 않는다고 가정한다면 기대 수익률이 0%를 초과하는 사람은 매매 횟수가 증가함에 따라 매매 수익도 증가하게 된다. 기대 수익률이 0%를 초과한다는 것은 매매를 할 때마다 조금이라도 수익이 발생한다는 뜻이기 때문이다. 반대로 기대 수익률이 0%에 미치지 못하는 사람은 매매를 할 때마다 손실이 발생하게 된다.

●● 투자 실력이 안 좋은 사람에게는 오를 것 같은 종목 백 개의 목록을 추려내는 일조차 버겁게 느껴질 수 있다.

물론 10가지 종목의 매수·매도 타이밍을 10번씩 정하는 방식으로 서로 다른 종목을 100번 매매하는 일을 대신할 수도 있다. 하지만 매매 횟수의 증가는 종목당 보유 기간의 감소로도 연결되기 때문에 단기간의 주가 변동을 예측해야 하는 어려움이 생긴다. 결국 투자 실력이 좋지 않은 사람에게는 매매 횟수의 증가가 해결해야 하는 문제의 수가 많아지는 것은 물론이고 문제의 수준도 더 어려워지는 결과로 연결된다고 볼 수 있다. 그렇게 더 어렵고, 더 많은 문제를 풀다 보면 정답률은 낮아지고 수익률도 낮아질 수 있는 것이다.

이렇게 본다면 불안에 의해 발생하는 매매 횟수를 줄인다는 측면에서 '믿을 만한 기업'의 주식만 산다는 마음의 기준은 투자에 도움이 될 수 있다.• 1년에 몇 번 맞추기 어려운 '정답'을 찾아놓고서도 단기적인 하락 때문에 보내주

•   잘 알려지고, 믿을 만한 기업이라는 판단이 수년에서 수십 년 단위의 장기적 관점에서는 틀릴 수도 있기 때문에, 지금의 판단을 기준으로 장기 투자를 결정하는 데에는 보다 신중할 필요가 있다.

거나, 충분히 수익을 내기도 전에 놓아버리는 일이 줄어들게 되는 것이다.

 "그럴 거면 적금을 들어라."
 이것은 지나간 주식 투자를 돌이켜 보면 볼수록 나에게 어울리는 금융 투자는 적금이라는 뜻이다. 어떻게 보면 나처럼 투자에 있어서 불안을 많이 느끼는 불안형 개미는 애초에 주식을 하지 않는 것이 맞는지도 모르겠다. 이러한 관점에서 보면, 지금까지의 이야기는 "주식을 꼭 해야 한다면, 스스로 믿을 수 있는 기업의 주식을 사야 한다"인 것이지, "다른 투자보다는, 믿을 수 있는 기업의 주식을 사는 투자를 해야 한다"는 아닌 것이다.

세 줄 유형

☐ 손실이 나면 손실이 커질까 봐 불안해하는 유형이다.

☐ 수익이 나면 수익을 잃을까 봐 불안해하는 유형이다.

☐ 손실 실현을 통해 주식에 소질 없음을 받아들이는 일이 두려운 유형이다.

세 줄 후회

☐ 불안에 취약한 유형이니, 주식 투자를 하지 말걸….

☐ 불안에 취약한 유형이니, 투자의 호흡을 조금 더 길게 가져가 볼걸….

☐ 불안에 취약한 유형이니, 매수·매도 근거를 더 철저하게 파악할걸….

불안형 개미

⑧

확신형 개미

근거 없는 확신으로
불안감을 해소하는 타입

확신이 있다면 불안해할 필요가 없다. 반대로, 무언가 불안하다면 확신이 부족하기 때문이라고 볼 수 있다. 그래서 불안감이 느껴지는 투자 상황이라면 확신을 얻기 위한 근거를 찾을 필요가 있다. 하지만 불안이 너무 싫었던 나머지 근거 없이 급하게 확신을 만들어 내는 경우도 있다. 내가 그랬다는 뜻이다. 여기서는 별다른 근거 없이, 확신에 의한 확신을 만들어 내는 확신형 개미의 투자를 살펴보고자 한다. 근거 없는 확신에 기반한 자신감으로 가득 찬 일괄 매수와 일괄 매도는 불안을 제압하고 성공적인 투자로 이어질 수 있을까?

계획 모래성

"누구나 그럴듯한 계획을 가지고 있다. 계좌가 녹아내리기 전까지는."

이것은 매수에서 매도까지 이어지는 나의 투자 활동에 대한 요약이다. 계좌가 파랗게 물들어서 주가 예측이 틀렸음을 받아들이기 전까지는 확신에 찬 그럴듯한 계획이 있기 때문이다. 하지만 이 그럴듯한 계획에는 치명적인 문제가 있었다. 바로 계획의 근간이 되는 확신에 탄탄한 근거가 없다는 점이다. 그래서 나의 계획은 마치 모래성과도 같았다. 계획만 보면 그럴듯할 수 있어도, 허술한 확신으로 쌓아 올렸다 보니 언제든지 무너질 수 있었던 것이다.

　세상에는 모래성이 아닌 투자 계획도 많다. 과거부터 쌓여온 수많은 투자자들의 경험은 예측의 불완전함을 이해하고, 그러한 불완전함을 보완할 수 있는 방식으로 계획을 세울 수 있게 해준다. 단순히 오를 것 같다는 느낌만으로 확신을 갖는 것이 아니라, 상황에 따라 어떻게 대응할지 더 다양한 가능성을 고려해서 계획을 세우는 것이다. 근거 없는 확신에 기반해서 세운 나의 계획이 모래성이라면, 좋은 근거가 있는 계획은 모래에 자갈, 시멘트를 섞은 단단한 콘크리트 건물이 된다. 여기에 다양한 가능성까지 고려해서 계획을 세우면, 내진 설계까지 잘 적용된 건물이라고 볼 수 있지 않을까?

　어떻게 보면 분할 매수나 분할 매도, 일정 비율의 현금 보유와 같은 방법들은 이처럼 철저한 계획에서 파생되는, 그러니까 예측이 불완전함을 인정하면서 시작될 수 있는 매매 기법이라고 이해할 수 있다. 앞으로의 상황이 어떻게 변할지 모르니, 내가 고점·저점이라고 생각한 가격이 실제로 고점·저점이 아닐 수도 있으니 대비책을 마련하는 것이다. 하지만 불안형 개미였던 나에게 예측의 불완전함을 인정하면서 투자하는 일은 불가능에 가까웠다. 불완전한 예측밖에 못 한다면 주식 투자를 안 하는 것이 맞다고 생각하는 동시에, 주식 투자를 통해 돈을 벌고 싶은 마음도 품고 있었기 때문이다. 이 모순적인 상황은 투자를 하려면 스스로의 예측에 확신을 가져야 한다는 이상한 결론을 만들어 냈다. 그렇게 불안을 없애기 위해 급조된 확신에 기대서 일괄 매수와 일괄 매도를 일삼게 된 것이다.

뒤틀린 자신감과
일괄 매수

"분할 매수나 분할 매도는 자신감의 결여를 시장에 공표하는 행위이다."

이것은 투자의 불확실성에 대한 두려움을 감추기 위해 마련한 뒤틀린 자신감이었다. 자신감으로 가득 찬 일괄 매수가 투자를 성공으로 이끌어 줄 수는 없었지만, 불안감을 잊게 해줄 수는 있었기 때문이다. 그것은 마치 음주운전과도 같았다. 하면 안 되는 일을 하기 위해 이상한 자신감을 동원하는 것이다. 음주운전자가 운전에 대한 자신감으로 음주의 불안감을 해소한다면, 나의 일괄 매수는 저점에 대한 확신으로 투자 실패의 불안감을 해소했다. 투자를 통해서 수익을 내기 위해 어떤 주식에 관심을 갖게 되는 순간, 그 주식을 사야 한다는 생각에 취해서 확신을 다졌다고 볼 수 있다. 그렇게 확신을 다지다 보면 어느새 지금 이 순간의 가격이 저점이 맞다는 막연한 확신으로 불안감을 뒤덮을 수 있었다.

반면, 분할 매수는 뒤틀린 자신감과 다른 방식으로 불안을 감소시킨다. 저점을 찾는 일의 불완전함을 받아들이고, 저점에 대한 예측이 틀렸을 때 발생하는 위험을 감소시키는 방식으로 불안을 낮추는 것이다. 나의 막연한 확신이 표면적인 불안감만 없애고 실제 위험은 전혀 관리하지 못하는 것에 비해, 분할 매수는 표면적인 불안 요소를 인정함으로써 실질적인 위험을 관리해 투자 수익의 기댓값을 올려준다. 이렇게 본다면 분할 매수는 일종의 보험과도 같다. 우리가 보험에 가입한다고 해서 사고가 발생할 확률이 줄어들지는 않는 것처럼, 분할 매수를 한다고 해서 주가 예측이 틀렸을 가능성이 줄어들지는 않는다. 하지만 보험에 가입하면 사고가 발생한 후의 위험 요소들-타인에 대한 손해

배상이나 자신의 병원비 등-에 대응할 수단이 생긴다. 이와 마찬가지로 분할 매수 역시 주가 하락이 발생했을 때의 위험 요소들을 관리해 주는 수단이 생기는 것이다. 남겨둔 투자금의 존재는 물타기를 해서 매수 단가를 낮추거나 다른 곳에 투자해서 손실을 상쇄해 줄 수익을 얻을 기회가 있음을 의미하기 때문이다.

하지만 어째서인지, 나는 분할 매수라는 보험에 가입하고 싶지 않았다. 이러한 거부감은 '할 수 있는가'에 대한 답변을 '하고 싶은가'에 대한 답변으로 대신하는 과정에서 생겨나는 일종의 부산물이었다. 나에게 주가의 저점을 찾아서 수익을 낼 수 있느냐고 묻는다면, 나의 대답은 '할 수 없다'가 되어야 했다. 하지만 나의 마음 한편에서는 '하고 싶다'는 대답이 맴돌았다. 주가의 저점을 찾아서 매수하고, 수익을 내고 싶었기 때문이다. 그렇게 착각이 시작됐다. 하고 싶은 것을 포기하지 않기 위해서, 할 수 없다는 사실을 외면하기 시작했다. 마치 술을 마신 사람이 '차를 갖고 집에 가고 싶다'는 생각의 지배를 받아서는 '차를 갖고 집에 갈 수 있나?'라는 물음에 엉뚱한 답을 내놓는 것과 같다.

나의 착각은 분할 매수와 공존할 수 없었다. 분할 매수는 기본적으로 주가의 저점을 찾아내는 일이 어렵고, 주가 예측은 불완전하다는 가정을 전제로 하고 있기 때문이다. 주가 예측의 불완전함을 인정한다는 것은 나에게 주식 투자를 부정하는 일과도 같게 느껴졌다. 만약 지금이 저점이 아니라고 생각한다면 분할이고 일괄이고를 떠나서 매수 자체를 안 하는 것이 맞지 않을까? 만약 지금이 저점이라고 생각한다면, 뒤돌아보지 말고 일괄 매수를 하는 것이 맞지 않을까? '저점을 맞춰서 수익을 낸다'는 제한된 목표에는 분할 매수가 비집고 들어올 틈이 없었다. 마치 '차를 직접 갖고 집에 간다'는 목표를 세운 술 취한 사람이 대리운전이나 택시 같은 선택지가 없을 거라고 생각하는 것처럼 말이다.

　이러한 사고의 흐름은 매도에도 동일하게 적용됐다. 혹시 더 오르면 어쩌지 하는 불안을 없애기 위해서 확신의 재료들을 모으고, 뒤틀린 자신감을 키웠다. 어떻게 보면 합리적인 측면이 전혀 없지는 않다. 자신에게 사고가 일어날 확률이 0%라는 것을 아는 사람은 보험에 가입하지 않는 것이 합리적인 것처럼, 매도 시의 고점이나 매수 시의 저점을 확실하게 알 수 있다면 분할 매수보다 일괄 매수가 유리하기 때문이다. 하지만 이러한 가정은 너무나 비현실적이다. 나에게 투자 사고가 일어날 확률은 0%일 수가 없었다.

노-잔액
계좌 정책

"나는 쉴 수 있다. 하지만 돈이 쉬어서는 안 된다."

이것은 계좌에 현금을 남겨놓지 않고 항상 일괄 매수만 하는 또 다른 이유였다. 주식에 투자를 하겠다고 마음먹은 이상 계좌의 수익률이 예금 수익률보다 좋아야 한다고 생각하는데, 예금으로 남겨놓는 방식으로는 예금 수익률을 뛰어넘을 수가 없기 때문이다. 물론 결과적으로 '예금으로 남겨놨으면 이자라도 받았을 텐데' 하는 아쉬움이 남는 투자를 했지만 마음만큼은 그랬다는 뜻이다.

나에게 있어서 현금을 보유하는 일은 '투자를 보류한다'

는 의미였다. 그리고 투자를 보류하는 일은 투자 자금이 효율적으로 사용되지 않고 있다는 느낌을 줬다. 모든 자금을 투입해서 투자할 만큼 매력적인 주식을 찾지 못한 상황에서도, 모든 자금을 투입할 시점인지 아닌지 헷갈리는 상황에서도 나는 불편함을 느꼈던 것이다. 생각해 보면 내가 현금 보유에서 받아야 할 느낌은 불편함이 아닌 안정감이어야 했다. 분할 매수가 특정 주식에 대한 위험 관리의 개념이라면, 현금 보유는 보다 큰 범위의 위험 관리라고 볼 수 있기 때문이다. 추가로 운용할 수 있는 여분의 자금이 있다는 것은 분할 매수에 좀 더 유연하게 대응할 수 있을 뿐만 아니라 다른 주식에 투자 기회가 생겼을 때도 대응할 수 있다는 뜻이지만, 그렇게 생각하지 못했던 것이다.

'지금 내가 생각할 수 있는 가장 좋은 투자처'를 찾기에 급급했고, 또 마음에 드는 주식을 가장 좋은 투자처라고 믿기에 급급했던 나는 이런 '여유 자금'의 개념을 받아들이기 어려웠다. 마음에 드는 주식이 없는 상황이라고 해도 어떻게든 투자 대상을 찾고 싶었다. 그것이 효율적으로 투자 자금을 운용하는 방법이라고 생각했기 때문이다. 그 어디에

도 '일정 비율의 현금을 보유한다'는 생각이 자리 잡을 곳은 없었다.●

● 그러다가 누나가 생각을 조금 바꿔주었다. 누나가 인터넷을 하다가 우연히 본 글에서 '현금 보유'라는 개념을 '현금이라는 종목을 매수했다'라는 개념으로 설명했다며 나에게도 알려준 것이다. 그럴듯한 말 같았다. 따지고 보면 현금을 보유하는 일이 무조건적으로 손해를 보는 일은 아니다. 어떤 주식의 가격이 떨어지고 있다고 한다면, 그 주식이 아니라 현금을 보유하는 것이 상대적으로 높은 수익률을 보장하기 때문이다. 물론 떨어지지 않는 주식을 찾으면 된다고 생각할 수도 있다. 내가 그랬다는 뜻이다. 하지만 주식 시장이 전반적으로 얼어붙는 시기가 종종 찾아오는 것을 보면, 어느 순간에는 현금이라는 종목에 투자하는 것이 더 나은 수익률을 보장해 줄 수도 있는 것이다.

이렇게 본다면, 주식을 사지 않는다고 해서 돈이 쉬고 있는 것은 아니게 된다. 정기 예금이든 현금 보유이든 각자의 가능성을 바탕으로 기대 수익률을 창출하는 투자 활동의 일환인 것이다. 물론 이러한 깨달음을 얻고 얼마 지나지 않아서 데브시스터즈 주식에 일괄 매수를 실천하는 바람에 '현금이라는 종목에 투자'를 해볼 수는 없었지만, 현금 보유에 대한 인식은 많이 바뀌었다.

확신형 개미

효율성 환상

돌이켜 보면 분할 매수를 하지 않는 마음이나 현금을 보유하지 않는 마음은 합리적이지 않은 마음이었다고 결론을 내릴 수 있다. 하지만 당시의 나에게는 지극히 합리적이고 더 큰 수익을 가져다줄 것 같은 선택으로 느껴졌던 것도 사실이다. 나는 그 이유가 머릿속에서 부풀려진 효율성에 있다고 생각한다. 어떤 주식이 오른다는 것이 확실하다면, 일괄·전량 매수하는 일은 굉장히 효율적인 선택이 된다. 하지만 불안을 없애기 위해 급조된 확신으로 주가 상승을 예측했기 때문에 주가 상승 가능성은 부풀려져 있고, 그 상

승에 근거한 일괄·전략 매수의 효율성도 부풀려지게 된 것이다.•

　이렇게 본다면 가장 중요한 것은 주가 예측이 얼마나 정확한지가 된다. 일괄·전량 매수가 아무리 효율적인 투자 방식이라고 하더라도, 주가 예측이 틀리는 순간 최악의 투자법이 될 수 있기 때문이다. 하지만 '주식 투자로 수익을 내고 싶다'는 마음은 주가 예측에 대한 판단을 흐리게 만든다. '이 주식을 매수해서 돈을 벌 수 있을까?'에 대한 질문에 '이 주식을 매수해서 돈을 벌고 싶어?'에 대한 답을 하다 보면 '오를 것 같은 주식'은 어느새 '올라야 하는 주식'이 되어버리기 때문이다.

　결국 나에게 필요했던 것은 뒤틀린 확신에 기반해서 주가에 대한 환상을 품는 것이 아니라, 내가 할 수 있는 주가 예측의 불완전함을 인정하고 그 불완전함을 보완할 장치

• 　매도의 경우에도 마찬가지다. 주가가 하락할 것을 확신한다면, 조금씩 파는 것이 아니라 지금 당장 모든 주식을 매도하는 선택이 효율적이다. 하지만 확신이 과장된 만큼, 일괄 매도의 효율성도 부풀려지게 된다.

를 마련하는 일이었다. 일종의 보험이 필요했던 것이다. 언제나 건강할 것이 확실하고, 각종 사고가 나를 비켜 갈 것이 확실하다면 보험에 가입하는 일은 비효율적인 행동이 된다. 하지만 사람들은 자신이 앞으로 얼마나 건강할지, 자신에게 어떤 사고가 찾아올지 확신할 수 없기 때문에 보험에 가입한다. 마찬가지로 가격이 오르는 주식을 확실하게 찾을 수 있고, 경기 침체나 산업군의 부침 등이 나를 비켜 갈 것이 확실하다면 분할 매수나 현금 보유는 비효율적인 행동이 된다. 하지만 주식에 대해 전문성이 부족한 사람, 그러니까 나의 경우에는 어떤 주식이 확실하게 오를지나 어떤 주식이 시장 환경의 변화가 가져오는 충격들을 피해 갈지를 확실하게 예측할 수 없기 때문에 분할 매수나 일정 비율의 현금 보유를 선택하는 행동이 유리할 수 있는 것이다.

'나의 주가 예측은 불확실하다'는 사실을 받아들이는 일이 주식 투자에 공포감을 더 키워줄 수도 있다. 하지만 위험의 대비는 위험의 존재를 받아들이는 순간부터 가능해진다는 점을 고려해야 한다. 사고가 발생할 수 있다는 사실을 받아들이기 싫어서 보험에 가입하지 않는다고 사고가 발생할 확률이 사라지는 것이 아닌 것처럼, 주가 예측이 틀릴 가능성을 받아들이기 싫어서 위험에 대비한 안전 장치들을 외면한다고 주가 예측이 틀릴 확률이 사라지는 것은 아니기 때문이다. 분할 매매와 현금 보유라는 보험에 가입하지 않은 것을 후회한다는 뜻이다.

세 줄 유형

☐ 불안을 없애기 위해 근거 없는 확신을 만들어 내는 유형이다.

☐ 근거 없는 확신을 바탕으로 일괄 매수·매도하는 유형이다.

☐ 근거 없는 확신을 바탕으로 현금 보유를 죄악시하는 유형이다.

세 줄 후회

☐ 쉽게 확신하는 유형이니, 주식 투자를 하지 말걸….

☐ 쉽게 확신하는 유형이니, 분할 매수를 할걸….

☐ 쉽게 확신하는 유형이니, 현금 보유를 일정 수준 유지할걸….

⑨ 감정형 개미

주식에 애정을 품고, 상처 받는 타입

상대방에게 애정을 가질 수 있다면, 관계는 더 좋아질 것이다. 그렇다면 자신이 투자하는 대상에 애정을 갖는 경우는 어떨까? 여기서는 감정적이다 못해 감정을 투자 근거로까지 사용하는 유형에 대해서 살펴보고자 한다. 나의 투자가 다분히 감정적이었다는 뜻이다. 개별 종목에 대한 애정은 주식 투자 본연의 불안감을 해소해 줄 수 있을까? 돈과 시간뿐만 아니라 마음이라는 자원까지 투입한 주식 투자에는 어떤 대가가 따르는 것일까?

마음이 담긴
투자

"F."

이것은 나의 주식 성적과 나의 주식 성향을 압축적으로 표현할 수 있는 하나의 알파벳이다. 성적은 저조하고, 성향은 감정적이었다는 뜻이다. 사실 성적이 F일 정도로 심각하지는 않았을 수도 있다. 빚을 내서 주식을 한 것은 아니기 때문이다. 하지만 성향은 상당히 감정적이었던 것이 맞다. 주식을 사고파는 과정에서 내가 만난 손실과 이득을 그저 숫자로만은 받아들일 수가 없었기 때문이다.

감정적인 투자는 무엇일까? 좋게 말하면 마음을 담은

투자이다. 투자하려는 주식을 여러 종목 중 하나의 종목으로 보는 것이 아니라, 애정을 쏟을 수 있는 대상으로 보는 것이다. 그렇게 애정을 갖게 되면 하나의 정보라도 더 찾아보게 되는 적극성이 더해질 뿐만 아니라, 어지간한 가격 변동에는 흔들리지 않는 안정적인 투자도 가능해진다. 이렇게 본다면 투자에 있어서 불안 수준이 높은 경우에는 이렇게 마음까지 동원한 투자가 장점을 가질 수도 있다. 단기 변동이 아닌 장기 추세에 투자하기 위해서는 단기적인 가격 변동에 민감하게 반응해서 너무 잦은 매매를 하는 일은 없어야 하기 때문이다.

마음이 담긴 투자의 장점은 수익이 실현되었을 때도 드러난다. 단순히 숫자를 분석한 투자에서도 얻을 수 있는 성취감뿐만 아니라 그동안 내가 애정을 가진 주식이 잘 됐다는 데서 오는 어떤 감동까지도 함께 제공되는 것이다. 아이돌에게 애정을 갖는 마음이 이런 것일까? 애정의 관계에서는 예측보다는 응원이 중요해지고, 그렇게 응원의 관계가 되면 애정이 더 공고해지기 쉽다. 예측을 빗나간 주식은 버려지겠지만, 응원에 부응하지 못한 주식과는 오히려 더 끈

끈해질 수도 있는 것이다. 물론 이 *끈끈함*이, 주식과의 관
계가 감정으로 뒤얽혀 있다는 점이 좋기만 한 것인지는 좀
더 따져볼 필요가 있다.

애정이 주는
확신

"좋은 주식을 찾기는 어렵지만, 좋아하는 주식을 만들기는 쉽다."

이것은 투자하기 좋은 주식을 찾을 능력이 안 되는 내가 확신을 갖고 주식을 살 수 있었던 이유 중 하나이다. 따지고 보면, 내가 행했던 감정적인 주식 투자에 등장하는 감정은 어떤 경험이나 관계의 결과라기보다는 하나의 수단이었다. 어디에라도 투자를 해서 수익을 내고 싶은데 어떤 주식을 사야 할지 확신은 부족한 상황에서, 주식에 대한 애정을 확신을 얻기 위한 수단으로 이용한 측면이 있기 때문이다. 확신에 필요한 합리적인 근거의 공백을 부풀려진 감정으로 대신한 것이다. 불안을 떨쳐내려고 확신을 갖기 위해서 감정에 기대는 개미, 그 개미가 나였다.

애정 어린 시선으로 주식을 바라보면 어려울 것이 없다. "좋은 주식인가?" 하는 물음에는 "좋아하는 주식이다"라고 답하면 되고, "오를 주식인가?" 하는 물음에는 "올라야 하는 주식이다"라고 답하면 되기 때문이다. 이렇게 애정을 근거로 주식을 사고 나면, 내 주식이 되었다는 이유로 애정은 점점 더 커진다. 커진 애정은 다시 매수를 부르고, 매수는 다시 애정을 키운다. 마치 어떤 짝사랑이 더욱 깊어지는 이유가 짝사랑 그 자체인 것처럼, 투자금이 커지는 이유가 애정 그 자체인 것이다. 이런 지경에 이르고 나면 마음이 담긴 투자가 아니라 마음이 지배한 투자가 된다.

마음이 지배한
투자

    지나간 주식 투자들, 그 시작은 관심과 애정이었지만 결국에는 마음에 지배당해 버린 투자들을 돌이켜 보면 몇 가지 특징을 추려낼 수 있다. 그리고 이 특징들은 '감정에 의한 제약'이라고 요약된다. '감정적인 투자'를 넘어서 '감정밖에 남지 않은 투자'에 가까웠던 나의 투자들은 감정이 만들어 놓은 제약 안에서 이루어질 수밖에 없었기 때문이다. 감정에 의한 제약은 크게 손절에 대한 제약, 재투자에 대한 제약, 그리고 현실에 대한 제약으로 정리할 수 있다.

① 손절에 대한 제약

애정을 갖게 된 주식을 손절한다는 일은 매도보다는 이별에 가깝게 느껴지곤 했다. 관계가 깊지 않을 때는 나의 예상이 틀렸다며 가볍게 넘길 수 있겠지만, 관계가 깊어지면서 응원이 되어버린 예상은 쉽게 내려놓을 수가 없었기 때문이다. 손절이 어려운 이유는 두 가지 측면으로 구분될 수 있다. 하나는 그동안 팽글팽글 돌아가던 희망회로를 갑자기 중단하기 어렵다는 측면이고, 다른 하나는 그렇게 손절하지 못하는 시간이 계속되면서 손실의 규모가 커져버린다는 측면이다.

희망회로를 중단하는 일은 지금까지의 관계를, 그 관계에 대한 판단을 부정하는 일이나 다름없다. 오르기만을 기다린 시간들, 전전긍긍하면서도 쥐어짜 낸 응원들을 한순간에 부정하기란 결코 쉬운 일이 아니다. 갑작스러운 변화나 특별한 사건이 생기지 않은 상황에서 갑작스럽게 이별을 결심하기가 어려운 것과 마찬가지다. 일상적으로 반복된 하락 속에서, 한편으로는 밉기도 하지만 여전히 응원하기도 하는 마음을 한순간에 손절 결정으로 이끌어 가기는 어려운 것이다. 이는 주식과의 관계가 깊어지고 관계가 나에게서 차지하는 비중이 커질수록, 관계에 대한 부정은 나의 판단에 대한 부정이자 나를 향한 부정으로 여겨질 가능성이 커지기 때문이라고 볼 수 있다.

게다가 어떤 주식을 손절하는 일에는 '더 나은 주식'을 찾아야 한다는 다음 과제가 함께 따라온다는 점을 고려하면 손절은 더욱 어려워진다. 완전히 부정적인 면만 있는 주식은 아니라고 희망회로를 돌려온 상태에서, 이 주식보다 더 나은 주식을 찾을 수 있다는 자신감을 얻기는 쉽지가 않은 것이다. 손절을 통해 지금까지 내가 내린 판단과 나의 판단력은 부정하면서, 다음 주식 선택에서 더 나은 판단을 할 것이라고 기대하는 일은 아무래도 쉽지가 않다.

좀 더 현실적인 관점에서는, 관계가 깊어지면서 늘어난 투자 금액이 제약으로 작용하는 측면이 있다. 투자금이 1만 원일 때보다 투자금이 1,000만 원일 때 투자 결정이 더 어려운 것과 같이, 손절할 때 감수해야 할 손실액이 커질수록 손절 결정이 어려워지기 때문이다. 누군가는 '매몰 비용'이라고 쉽게 말해줄 수도 있겠지만, 남의 매몰 비용은 쉬워도 나의 매몰 비용은 좀처럼 받아들이기가 어렵다. 매도 버튼을 누르기 전까지는 손실이 아니라며 도피하는 방법이 눈앞에 있는데, 손절을 결정하고 지난날의 잘못된 투자를 손실이라는 현실로 받아들이는 데에는 많은 용기가 필요한 것이다.

이렇게 보면 얼핏 보기에는 '매수 결정'과 '매도 결정'이 비슷한 수준의 난이도 같지만, 실제로는 '매도 결정'이 훨씬 어렵게 느껴졌던 이유가 어느 정도 납득이 된다. 주식 투자를 주가에 대한 냉철한 예측을 바탕으로 매매하는 이성의 영역으로 접근할 수 없을 때, 그러니까 애정에 기반해 확신을 얻고 관계적으로 접근하는 투자를 했을 때는 '손절'을 단지 매수를 역으로 행하는 행동으로만은 볼 수가 없었던 것이다. 감정적으로 주식 투자에 접근한 사람에게 있어서 '손절'이란, 지나간 관계에 대한 정리와 새로운 관계에 대한 가늠이 뒤섞인 복합적인 의사 결정 활동이 된다.

② 재투자에 대한 제약

그렇다고 해서 손절을 영원히 못 했던 것은 아니다. 앞날이 도저히 그려지지 않거나, 더 나은 주식과의 새로운 시작이 기대될 때는 손절을 결심할 수 있었기 때문이다. 하지만 애정을 갖고 오랜 시간 관계를 유지한 주식의 손절은 영원한 이별을 의미했다. 아무래도 애정을 가졌던 주식을 손절하는 일이 너무 어렵다 보니, 다시는 만나서는 안 될 최악의 주식처럼 생각을 해야만 헤어질 수가 있었던 것이다.

한편, 영원히 이별하게 되는 주식이 쌓여간다는 것은 앞으로 투자할 수 있는 주식의 종류가 줄어든다는 것을 의미한다. 그리고 투자할 수 있는 주식의 종류가 줄어든다는 것은 제한적인 투자 기회만을 활용해야 한다는 것을 의미한다. 사내 연애를 수차례 반복하는 일을 여기에 빗댈 수 있을까? 협업을 하기에 껄끄러워지는 부서가 점점 늘어나고 업무를 제대로 하기가 어려워진다. 어떤 주식을, 투자할 때는 애정의 대상으로 봤다고 해도 헤어지고 나면 다시 냉정하게 투자 대상으로 바라볼 수 있다면 문제가 없을 것이다. 하지만 그런 일이 가능한 사람이었다면, 애초에 애정에 기반해 확신을 얻는 방식으로 주식 투자를 할 이유가 없다.

물론 꽤나 큰 손실을 입힐 정도로 하락세를 탄 주식이 어느 날 갑자기 유망한 종목이 되는 일이 흔한 일은 아닐 것이다. 그래서 몇몇 주식을 절대 사지 않기로 한 것이 주식 투자에 있어서 그렇게 큰 제약이 아닐 수도 있다. 하지만 너무 힘든 손절을 하는 과정에서 특정 산업에 다시는 투자하지 않겠다거나 하는 마음을 갖게 된다면 투자 대상이 줄어드는 폭은 훨씬 빨라진다. 경기에 따라, 또는 특정 산업의 주기에 따라 지난날의 손절 산업이 새로운 투자 기회가 되는 일이 그렇게 드물지 않다는 점을 고려하면 이러한 제약은 불필요한 짐이 되는 것이다. '헤어진 사람과 재회를 하지 않겠다'는 결심과, '헤어진 사람과 같은 산업에 종사하는 사람은 절대 만나지 않겠다'는 결심이 가져오는 제약의 크기가 크게 다른 것과도 같다.

③ 현실에 대한 제약

마지막 제약은 특정 주식에 대한 애정이, 그 과몰입이 현실 생활에 영향을 미치는 측면이다. 어떤 주식에 애정을 갖게 되면 자연스럽게 미워하는 주식이 생겨나기도 한다. 나의 경우에는 이마트를 향한 애정이 쿠팡에 대한 미움으로까지 번졌던 일이 그랬다. 그때는 쿠팡과 이마트를 필두로 한 커머스 업계에서 온라인-오프라인 경쟁이 치열했고, 과열된 가격 경쟁으로 두 업체 모두에게 힘든 시간이 되었다. 그러다가 코로나가 세계를 뒤덮으면서 내가 투자하던 이마트는 더욱 힘든 시간을 보내게 되었다. 이때 나의 마음은 이마트 손절하기가 아니라 쿠팡 미워하기를 선택했다.

남들이 그렇게 좋다고 하는 로켓배송은커녕, 쿠팡에서 물건을 사는 일 자체를 죄악으로 여겼다. 돌이켜 보면, 시장 점유율을 확보하기 위해서 출혈 경쟁을 감내하던 쿠팡의 수혜를 받지 않은 것은 한 명의 소비자로서 전혀 현명하지 못한 행동이었다. 하지만 나는 한 명의 소비자이기 전에 이마트의 주주, 특히나 애정을 듬뿍 품고 있는 주주였다. 이성적으로 생각하면 이마트 주식은 손절하지 못한다 하더라도 쿠팡을 이용하며 혜택을 누리는 것이 맞지만, 나의 감정은 그런 배신을 허락하지 않았던 것이다.

반대로 현실에 제약을 만들기 싫어서 손절을 못 하게 되는 경우도 있었다. 4년 이상을 보유한 데브시스터즈의 주식이 그랬다. 투자 원금의 삭제 수준이 40~70%를 넘나들며 요동치는 주식이었지만 쉽게 손절할 수가 없었다. 막대한 손실 구간에 머물고 있는 주식인 동시에 내가 다니는 회사의 주식이기도 한 데브시스터즈의 주식을 손절한다는 것은 다니는 회사의 미래를 암울하게 확정 짓는 것과 같게 느껴졌기 때문이다. 이렇게 큰 규모의 손절을 할 결심이 설 정도가 되려면 회사의 미래가 상당히 암울하다는 판단이 서야 하는데, 그런 판단으로 매일 출근하고 일하는 기분에 심대한 타격을 입힐 수는 없었던 것이다.[*]

결국 마음에 기반한, 애정을 기반으로 확신을 얻는 투자는 그에 상응하는 대가를 치르게 된다고 볼 수 있다. 이성적이어야 할 투자에 불필요한 변수가 투입되어서 합리적

---

[*] 그뿐만 아니라 그 막대한 손실을 다시 투자를 통해 복구할 자신도 없었다. '지금까지의 투자 성적이 엉망인 내가 갑자기 투자로 손실을 복구하기'를 기대하는 것보다는 '한 번이라도 고점에 도달해 본 주식이 다시 그 자리로 돌아가기'를 기도하는 것이 오히려 현실적이지 않나 싶었던 것이다.

인 의사 결정을 막고, 다른 투자 기회나 현실에서의 삶에까지도 악영향을 미칠 수가 있는 것이다. 게다가 마음을 써서 투자한다는 것은, 주식 투자에 있어서 돈과 시간뿐만 아니라 마음이라는 자원까지도 투입한다는 것을 의미한다. 감정이라는 자원까지 투입하면서 비합리적인 투자를 하는 것이 과연 옳은 일인가?

"남들은 돈만 잃는데, 너는 마음까지 잃니?"
이것은 나의 주식 성적표에 대한 내면의 피드백이다. 불안을 감당하기 어려워서, 확신을 갖기 위해 감정에까지 손을 댄 대가였다.

세 줄 유형

☐ 주식에 대한 호감을 투자 근거로 삼는 유형이다.

☐ 계좌의 손실이 마음의 상처로까지 이어지는 유형이다.

☐ 주식에 의미를 부여해서 현실의 삶에도 영향을 받는 유형이다.

세 줄 후회

☐ 감정적으로 투자하는 유형이니, 주식 투자를 하지 말걸….

☐ 감정적으로 투자하는 유형이니, 개별 종목이 아닌 지수에 투자할걸….

☐ 감정적으로 투자하는 유형이니, 내 삶과 관련성이 적은 종목에 투자할걸….

감정형 개미

쇼핑형 개미

갖고 싶다며,
조급하게 주식을 사는 타임

주식 투자와 쇼핑은 서로 비슷한 측면이 있다. 돈을 내고 사고 싶은
것을 산다는 점이 그렇고, 선택에는 책임이 따른다는 점이 그렇다.
하지만 주식 투자와 쇼핑에 대한 접근법이 서로 비슷해서는 안 된
다. 내가 만족했다면 실패가 아닌 쇼핑과는 달리, 주식 투자는 아무
리 내가 만족했다고 해도 수익을 내지 못하면 실패한 투자가 되기 때
문이다. 나에게 투자와 쇼핑은 왜 구분되기 어려웠을까? 투자와 쇼
핑을 구분하지 못한 결과는 무엇일까?

투자 고민과
쇼핑 고민

"장난감이 투자 수단이 되기도 하는 시대에는, 주식을 장난감처럼 쉽게 사고파는 사람이 발견되기도 했다."

이것은 주식을 투자 수단으로 활용하지 못하고, 쇼핑의 대상으로만 머물게 한 나에 대한 역사 수업적 묘사이다. '이 주식으로 정말 수익을 낼 수 있을까?'와 같은 투자 고민을 하기보다는 '이 주식을 사고 싶은데 어떡하지?'와 같은 일종의 쇼핑 고민에 몰두했기 때문이다. 실제로 나의 주식 투자는 주식 쇼핑과 비슷했다. 어떤 종목에 대해 심도 있게 탐구하고 분석하기보다는, 그 주식을 사고 싶은 나의 마음에 더 귀를 기울이곤 했다. 그러다 보면 나의 의식은 일반적인 쇼핑의 흐름을 따라가게 되었다. "사고 싶은데 살까? 말까?"에서 출발한 마음이 "괜찮을 것 같은데 살까?"를 지난 후에 "어차피 살 거면 빨리 살까?"에 도달해서 덜컥 매수를 하게 만드는 것이었다.

투자 고민을 밀어낸 쇼핑 고민에는 대개 조바심이 곁들여져 있었다. 사고 싶다는 마음과 아직 사지 않은 상태의 괴리는 불편함을 만들어 내는데, 이 불편함을 해소하기 위해 '산다'는 결정을 빠르게 내리고 싶어졌던 것이다. 투자를 고민할 때 주가가 떨어질지도 모른다는 불안함이 막무가내로 매수하는 행동을 막아주는 것과는 반대의 힘이었다. 그래서인지 불안형 개미인 것치고는 이런저런 주식을 덜컥 잘 살 수 있었던 것 같기도 하다. 주식 쇼핑에 있어서 나에게 필요한 의사 결정은 확실한 판단이 아니라 빠른 판단이면 충분했기 때문이다. 그것은 마치 비탈길을 굴러가는 돌과도 같았다. 사고 싶다는 마음을 막아서는 별도의 힘이 작용하지 않는 이상 객관적인 근거가 부족하다고 해도 '산다'에 도착할 수 있었던 것이다.

투자 근거와
합리화 근거

    물론 내가 샀던 수많은 주식에는 사야 할 만한 나름의 이유들이 있기는 했다. 시장이 기다리던 신제품의 출시라거나 해외에서의 호평에 의한 실적 개선 기대, 아니면 새로운 사업 영역의 개척 선언 등 뭐가 됐든 일종의 투자 근거가 곁들여지기는 했기 때문이다. 하지만 따지고 보면 나의 쇼핑에도 대개 그 정도의 고민은 포함되어 있었다. 이번 장난감은 과거 인기 제품을 복각한 제품이라서 그 매력이 이미 충분히 검증되었다거나, 이 쇼핑몰에서 지금 구매하면 일반적인 가격보다 저렴하기 때문에 구매하는 것만으로도 이미 이득이라거나, 환율이 저평가되어 있기 때문에 지금 해외 직구로 구매하는 것은 오히려 돈을 버는 것이라거나 하는 그럴듯한 이유들이 항상 함께였다. 이렇게 평소의 쇼핑에서 이런저런 합리화 근거를 만드는 훈련이 되어 있다 보니, 주식을 살 때도 '투자성 검토'의 탈을 쓴 합리화 근거를 쉽게 만들어 낼 수 있었다.

투자에 필요한 투자 근거와 쇼핑에 필요한 합리화 근거의 차이는 무엇일까? 가장 큰 차이점 중 하나는 그 근거가 맞았는지 틀렸는지에 대한 판단 기준이 시장에 있는지, 아니면 내 마음속에 있는지일 것이다. 투자 결과는 시장이 평가해 주고, 소비의 결과는 내 마음이 평가해 주기 때문이다. 그러다 보니 합리화 근거는 내 마음만 설득할 수 있으면 충분했다. 대중적인 인기를 얻지 못한 장난감이라고 해도 내 마음에만 들면 그만인 것이다. 하지만 투자 근거는 내 마음만 설득하는 것으로는 불충분하다. 수많은 시장 참여자가 설득될 수 있는 수준이어야 하는 것이다. 그렇지 못했을 때는 나만 사고 남들은 파는 주식이 될 테고, 주가 하락은 피하기 어려워진다. 여기서 주식 쇼핑의 문제점이 생겨난다. 주식 매수를 소비처럼 하다 보면 '내가 사고 싶은 주식'인지에 집중하게 되는데, 그렇게 되면 이 주식에 대한 '시장의 평가'에는 관심이 없어지면서 결국 다른 시장 참여자들도 설득될 정도의 투자 근거인지를 따져볼 수가 없게 되는 것이다.

합리화의
저주

- 쇼핑 고민에 있어서 스스로를 설득하는 데에 필요한 합리화 근거를 빠르게 찾아낼 수 있는가?
- 찾아낸 근거가 불충분한 경우, 문제점을 보완한 새로운 근거를 찾아낼 수 있는가?
- 합리화 근거를 충분히 검토한 후에 부적합 판단이 내려진 경우, 구매를 억제할 수 있는가?
- 합리화 근거 검토에 기반한 구매 결정이, 그렇지 않은 구매 결정보다 높은 만족감을 제공하게 만들 수 있는가?

이것은 나에게 심사 권한이 주어지면 활용하기 위해 만들어 놓은 전문 합리사 자격의 기준이다. 쇼핑 합리화도 하다 보면 는다는 뜻이다. 돌이켜 보면 실제로 나의 쇼핑 합리화 수준은 점점 더 높아진 것이 맞다. 반복되는 합리화는 점점 더 뻔하지 않은 합리화를 요구했고, 뻔하지 않은 합리화를 하기 위해서는 내가 좋아하는 것이 무엇인지, 어떤 소비가 나에게 합리적인 소비인지를 잘 알아야 했다. 첫 번째 피규어는 '귀엽다'는 이유만으로 살 수 있겠지만, 열 번째 피규어는 이미 아홉 개의 피규어를 샀음에도 불구하고 또 사야 하는 더 그럴듯한 이유가 필요한 것이다. 하지만 그렇게 어려운 일은 아니었다. 답이 이미 내 마음속에 있었기 때문이다. 마음에 귀를 기울이고, 내 마음에 쏙 드는 구매를 하기 위해 노력했다. 처음에는 비합리적으로 보이던 합리화였지만, 반복하다 보니 합리적인 소비자가 되는 데에 도움이 되었다고도 볼 수 있다.

문제는 시장의 만족감이라는 객관성을 추구해야 하는 주식 투자에서도 습관적으로 쇼핑 관점의 합리화 근거를 찾는 데에 있었다. 투자에 있어서 쇼핑 관점의 근거를 찾는다는 것은 재무 지표를 살펴보든, 신제품 출시나 해외 시장으로의 영역 확장에 대한 성과를 살펴보든 간에 그 판단 기준을 나의 만족으로 따져본다는 것을 의미했다. 이러한 상황이다 보니 아무리 합리화 근거를 열심히 따져봐도 시장의 판단과 동떨어진 판단을 할 가능성이 높았다. 나의 판단이 시장의 판단은 아니기 때문이다. 차라리 합리화에 익숙하지 않았다면, 객관적인 지표를 바탕으로 판단하기 어렵다며 투자를 포기했다면 적어도 손실은 없었을지도 모른다. 하지만 합리적인 소비자가 곧 합리적인 투자자라는 착각으로 내면의 소리에 기반한 투자 결정을 내리다 보니 손실이 쌓여가게 된 것이다.

어쩌면 합리적으로 돈을 쓴다는 과도한 자신감은 투자에 있어서 하나의 걸림돌이 될지도 모른다. 그저 자문자답으로 따져봤을 뿐인 쇼핑 고민의 결과가, 시장 참여자들의 의사 결정이 모여서 형성되는 주가를 훌륭하게 예측해 낼 것이라는 착각을 만들어 내기 때문이다. 일종의 합리화의 저주인 것이다.

투자자와 소비자

"그가 나를 주식 소비자로 불러주었을 때, 나의 손실은 비로소 지나간 소비가 되어 잊혀질 수 있었다."

이것은 "상처 난 계좌에도 사랑이 올까요"라는 주식 소설을 쓰게 된다면 활용하고 싶은 결말 중 일부이다. 손실이 난 주식 투자를, 그저 비싸고 감가상각이 빠르게 일어나는 피규어를 사봤을 뿐이라고 생각하고 싶다는 뜻이다. 주식을 매수하는 상황에서의 나는 투자자처럼 행동하지 않고 소비자처럼 행동했지만, 그 투자의 결과도 소비의 결과처럼 받아들이기는 아무래도 쉽지가 않았다. 실제 행동이 어떴는지, 그 의사 결정의 과정이 어땠는지와 무관하게 나는 주식을 매수하는 나를 투자자라고 생각했기 때문이다.

만약 내가 주식을 사지 않고, 예를 들어 핸드백이나 시계를 샀다면 어땠을까? 중고 시세가 떨어지는 것에 별로 스트레스를 받지 않았을 것이다. 어차피 소유를, 소비를 하기 위해 구매한 제품이니 감가상각의 발생을 만족감이 상쇄해 주기 때문이다. 그러다가 예상치도 못하게 중고 가격이 상승해서, 과거 새 제품의 가격보다 높아졌다면 기분이 좋을 뿐이다.

하지만 투자의 경우에는 그렇지 않다. 가격이 오르는 상황을 예상하는 일이 기본이고, 가격이 떨어지는 일이 피해야 할 사건이자 스트레스의 원천이 되는 것이다. 심지어 가격이 유지되기만 해도 스트레스가 된다. 주식을 사지 않고 은행에만 맡겨도 수익을 얻을 수 있기 때문이다.

선택은 둘 중 하나다. 주식에 투자 성과를 기대하기 위해서는 투자자처럼 판단하며 행동해야 하고, 주식을 소비자처럼 사고팔 것이라면 주가 하락을 소비재의 감가상각처럼 받아들여야 한다. 둘 중에 선택할 수 없다면, 주식을 그만두어야 하는 것이 아닐까? 그렇다. 나는 진작에 주식을 그만두어야 했던 것이다.

세 줄 유형

☐ 주식을 쇼핑하듯 매수하는 유형이다.

☐ 시장의 평가보다는 나의 마음에 집중하는 유형이다.

☐ 합리적인 소비자가 합리적인 투자자라고 생각하는 유형이다.

세 줄 후회

☐ 쇼핑하듯 투자하는 유형이니, 주식 투자를 하지 말걸….

☐ 쇼핑하듯 투자하는 유형이니, 재무 지표나 차트라도 더 공부할걸….

☐ 쇼핑하듯 투자하는 유형이니, 내면의 합리화 목소리를 경계할걸….

대신 주식해드립니다

3부

이별편

개미의 이별

많은 사람이 주식 투자를 시작하고, 그보다는 적은 수의 사람이 주식 투자를 그만둔다. 누군가는 주식과의 관계를 계속 이어가지만, 누군가는 그렇지 못하다는 뜻이다. 주식 투자를 시작한 누군가가 주식과의 관계를 끝맺게 되는 순간은 언제 찾아오는 것일까? 여기서는 문제가 자기 자신에게 있었음을 깨닫게 되면서 주식 투자를 그만두게 되는 상황에 관해 다루고자 한다. 주식의 문제에 집중했던 지난 이별들과 다르게, 나의 문제에서 출발한 이번 이별은 마지막 이별이 될 수 있을까?

헤어질 결심

"너의 문제라고 생각했을 때는 우리 관계가 위태로울 뿐
이었지만, 나의 문제라는 것을 알게 되니 세상이 무너지는
것 같아."

이것은 주식을 그만두어야겠다고 결심할 때의 심경을
과장되게 표현한 문장이다. 밖에서 찾은 문제는 상황의 위
험성을 인지하게 만들어 줄 뿐이지만, 안에서 발견된 문제
는 존재를 위태롭게 할 수도 있다는 뜻이다. 물론, 존재의
위기가 나쁘기만 한 것은 아니다. 존재의 위기는 성찰로,
성찰은 헤어질 결심으로 이어질 수 있기 때문이다. 내가 주

식 투자와 이별을 결심하는 과정이 그랬다는 뜻이다.

　당연하게도, 처음에는 주식 투자의 문제점에 대해서 생각했다. 하지만 주식 투자가 갖는 문제점을 아무리 낱낱이 파헤친다고 해도, 주식과의 이별에 대해 100%의 확신을 갖기는 어려웠다. 가격 상승, 수익 실현, 그러다가 가끔 찾아오는 상한가와 같은 기억들이 자꾸만 여지를 만들어 냈기 때문이다. 고민을 시작하게 만든, 무수히 많은 부정적인 현실들을 뒤로한 채로 그 듬성듬성 희미한 여지를 곱씹다 보면 어느새 이별을 망설이게 되었다. 아마도 나쁜 남자 혹은 나쁜 여자와의 관계가 유지되는 방식이 이렇지 않을까? 보고 싶은 것은 고민에 끼워 넣어서라도 좀 더 보려 하고, 보기 싫은 것은 빠르게 결론을 내리고는 멀리 치워버린다. 헤어진다는 결론 위에 좋았던 여지가 덮인다. 이대로 헤어지는 것은 아쉬운 것 같고, 헤어질 결심은 희미해진다. 상대방을 탓하는 것은 쉽지만, 상대방 탓을 바탕으로 헤어질 결심을 하기는 쉽지가 않은 이유이다.

　하지만 나의 문제 때문이었다는 사실을 알게 되니 헤어질 결심을 할 수가 있었다. 불안에 취약하고, 불안을 외면

하기 위해서 쉽게 확신하고, 나의 감정을 판단의 근거로 삼고, 주식을 투자의 대상이 아닌 쇼핑의 대상처럼 여기는 사고방식으로는 도저히 주식 투자와 성공적인 관계를 형성할 수 없을 것 같았기 때문이다. 헤어질 결심이라는 것은, 어떻게 보면 자신의 문제를 인정하고 받아들일 결심인 것 같기도 하다. 나의 문제를 인정하고 관계에 대한 주체가 되었을 때 비로소 관계를 끝낼 수 있는 것 아닐까? 밖에서 문제를 찾았을 때는 그 문제가 외부에서 해결되는지 여부에 따라 관계의 결말이 정해지지만, 나에게서 문제를 찾았을 때는 문제를 해결하는 일과 관계의 결말을 맺는 일 모두 내 몫이 되기 때문이다.

이는 잘잘못을 따지는 것과는 다르다. 내 계좌에 반복적인 폭력(폭락)을 행사하는 주식이 있다고 했을 때, 잘못은 그 주식이 한 것이 맞다. 여기서 문제를 나에게서 찾는다는 것은 '내 계좌가 맞을 짓을 해서 맞았다'라고 생각하는 것이 아니라, 이 관계에서 발생한 문제 상황을 '나는 더 이상의 폭력을 견딜 수 없고, 나는 주식의 폭력을 막을 힘이 없다'는 형태로 인지하고 상황을 받아들인 채로 문제 해결을 모색한다는 의미다. 이렇게 되면 관계 종결이라는 선택지가 생기게 된다. 문제를 밖에서 찾고, 문제 해결과 관계의 향방에 있어 결정의 고삐를 모두 상대방에게 넘겼을 때는 만날 수 없던 선택지가 생기게 되는 것이다. 스스로 문제를 해결하고 관계를 이어나가는 선택을 하거나 문제 해결을 포기하고 관계를 끝내는 선택을, 말 그대로 헤어질 결심을 해야 하는 것이다.

좋은 이별

주식과의 이별 결심은 좌절감을 안겨주기도 했다. 나의 문제로 인해 투자를 할 수 없다는 사실은 결국 근로소득만으로 살아가야 한다는 뜻처럼 느껴졌기 때문이다. 물론 더 현실적으로 생각한다면 전혀 아쉬울 일이 아니긴 하다. 말이 투자이지, 지금까지 내가 한 것은 주식 손실이나 주식 감금[•]에 가까웠기 때문이다. 이렇게 보면 주식 투자와의 이별은

●   돈이 주식에 묶인 채 서서히 줄어드는 일은 어딘가에 감금되어 밥도 못 먹고 하루하루 수척해지는 사람의 모습과도 비슷하다.

혹시 모르는 미래의 투자 수익과 이별하는 일이 아니라, 지금까지의 경험을 통해 어느 정도 예상이 가능한 미래의 손실과 이별하는 일이 된다. 좋은 이별이라는 뜻이다.

좋은 이별이다. 어차피 헤어지는 상황에서 코스피 지수가 전고점을 돌파할 만큼 앞으로 좋은 일만 있기를 바랄 정도의 좋은 이별은 아니지만, 주식 입장에서도 내가 주식이 아닌 다른 좋은 투자처를 찾아서 대대손손 풍족하게 살기를 바랄 정도의 좋은 이별은 아니겠지만, 앞으로 주식 투자와의 관계에서 발생하는 고통이 없어질 것이라고 생각하면 좋은 이별이 아닐 것도 없다.

물론 아쉬운 이별이기도 하다. 애초에 만나지 않았더라면, 아니면 좀 더 빨리 헤어질 결심을 했더라면 나의 계좌가 1년 치 소득에 가까운 손실로 파랗게 멍든 상황이 생기지도 않았을 것이다. 하지만 좋은 이별이 타이밍까지 좋은 이별이기는 어렵다. '좀 더 빨리 헤어질걸' 하는 아쉬움을 하나도 남기지 않으려면 좋을 때 헤어져야 하는데, 좋을 때 헤어지는 것은 '이렇게 좋은데 어떻게 헤어져' 하는 망설임을 만들어 낼 수밖에 없기 때문이다.

다음 투자는…

"아직은 새롭게 시작할 마음의 준비가 안 된 것 같아요."

이것은 주식 투자와 헤어질 결심을 했으면서도 너무 아프게 물린 주식을 팔기는 어려워서 이러지도 저러지도 못하고 있는 나의 마음을 에둘러 표현한 문장이다. 미래의 주식 투자와 결별을 선언하는 일에 비해, 주식 투자가 남긴 아픔을 끊어내는 일은 너무나 어려웠던 것이다. 지금의 이 마음을, 금값이 비쌀 때 산 커플링을 떨어질 대로 떨어진 금값을 적용해 팔기에는 아까워서 다시 금값이 오를 때까지 보유하고 있는 심정에 빗댈 수 있을까? 주식을 정리하는 일에는 주식과의 이별을 결심하는 일보다 훨씬 더 많은 시간이 필요할 것 같았다.

이와 별개로 앞으로의 투자에 대한 고민도 마음을 심란하게 했다. '나의 문제'라는 극약 처방으로 주식과의 이별에는 성공했지만, 지나간 시간을 돌이켜 봤을 때 이 이별이 옳은 판단이라는 것에 확신도 있었지만 앞으로는 어떤 금융 자산에 투자를 하고 자산을 불려야 할지에 대해서는 뚜렷한 답을 찾기가 어려웠기 때문이다. '주식 투자와의 이별'이 무수히 많은 개별 주식들과의 이별을 내포하고 있다는 점을 떠올리니 아득한 기분이 들기도 했다. 자본주의 세상에서 기업에 투자할 기회를 잃는다는 것은, 남들은 다 갖고 있는 무기를 버리고 살아간다는 것은 두려운 일처럼 느껴졌기 때문이다.

하지만 무기 없이 살아가기가 두렵다는 마음에 사로잡혀서 잘 다룰 줄도 모르는 위험한 무기를 억지로 들고서 살아갈 필요는 없다. 실제로 두려워해야 할 것은 투자 결과이지, 무기가 없다는 사실 그 자체는 아니기 때문이다. 투자 결과에 초점을 맞춘다면, 무기가 객관적으로 얼마나 훌륭하고 좋은지는 중요하지 않게 된다. 총을 사용할 줄 모르는 사람에게는 방망이가 더 좋은 무기가 될 수 있는 것처럼, 주식 투자를 할 줄 모르는 사람에게는 ETF나 적금이 더 좋은 투자 결과를 가져다줄 수도 있는 것이다. 앞으로는 ETF나 적금에 투자하겠다는 뜻이다.

목표와 수단

주식 투자는 나에게 무엇이었을까? 얼핏 생각하기에는 나의 목표였던 것 같다. 주식 투자를 잘해서 많은 수익을 내고, 자산을 불려나가고 싶었기 때문이다. 그러다가 좀 더 생각해 보니 실제로 나의 목표는 자산 증식이었지 주식 투자는 아니었다. 마치 '만년필로 글씨를 잘 쓰고 싶다'는 목표와 '글씨를 잘 쓰고 싶다'는 목표가 다른 것처럼, '주식 투자로 자산 증식을 잘하고 싶다'와 '자산 증식을 잘하고 싶다'는 목표는 다른 것이다. 주식 투자는 자산 증식이라는 목표의 수단이었을 뿐이다. 수단이었을 뿐이었는데, 어느

새 목표처럼 자리를 잡게 된 것이다.

때로는 수단이 구체화된 목표처럼 느껴질 때가 있다. 가령, 만년필로 글씨를 잘 쓰겠다는 목표는 글씨를 잘 쓰겠다는 목표보다 훨씬 구체적이고 명확한 목표처럼 보인다. 게다가 목표는 구체적이고 명확할수록 좋다는 말도 어디서 한 번은 들어본 것만 같다. 하지만 명확성이나 구체성이 내가 실제로 원하는 목표를 잘 나타낸다고 보장할 수는 없다. 오히려 너무 구체화된 목표는 수단에 대한 집착으로 이어지고, 수단에 대한 집착은 목표 달성의 걸림돌이 될 수가 있는 것이다. 자산을 증식하려는 목표를 달성하기 위해 '주식'을 선택했을 뿐인데, 주식 투자로 자산을 증식하는 것이 목표라고 착각한 나의 사례가 그렇다. 그 결과 성과가 좋지 않은 '주식 투자'를 빠르게 벗어나지 못했고, 자산 증식과도 멀어졌던 것이다.

"15년."

이것은 나의 목표가 '자산 증식'이었지 '주식 투자를 통한 자산 증식'이 아니었다는 사실을 다시 떠올리기까지 소요된 시간이다. 그렇게 나는 주식 투자와 이별하게 됐다. 15년 만의 헤어질 결심은 수단과의 이별인 동시에 목표와의 재회였다.

마치는 글

"사람이 죽으면 주식을 하다가 날려서 하늘에 보낸 돈이 마중 나온다는 얘기가 있다. 나는 이 이야기를 무척 좋아한다."

이것은 주식 시장에서의 실패가 사실은 사후세계에 대한 투자이기라도 했으면 좋겠다는 생각이 만들어 낸 망상이다. 주식으로 날린 돈이 너무 아깝다는 뜻이다.

나에게 주식은 무엇이었을까? 돌이켜 보면 단순히 투자 수단은 아니었던 것 같다. 어떻게 보면 로또처럼 희망을 주는 수단이기도 했고, 누군가의 스포츠 팀이나 아이돌처럼 응원하는 대상이기도 했다. 누군가가 게임에 과금하는 것처럼 주식에 과금을 하며 여가 활동처럼 즐겼던 것 같기도 하다. 이렇게 본다면 말 그대로 합법적인 도박처럼 느껴지기도 한다.

어쩌면 이러한 생각조차 일종의 합리화인지도 모르겠다. 그동안의 주식 투자를 실패한 투자로만 바라보기에는 너무 고통스러우니, 뭐라도 의미를 부여해 보는 것일 수도 있기 때문이다. 맞는 말이다. 주식 투자를 통해 좋은 성과를 낸 사람에게는 그 성과에 가려져서 잘 안 보이는 것들이 주식 투자에 실패한 사람에게는 황량해진 계좌 너머로 잘 보일 수가 있는 것이다.

만약 이 책을 과거의 나에게 보내줄 수 있다면, 과거의 내가 이 책을 읽은 후에 주식 투자를 하게 된다면 어떨까? 확실하게 알 수는 없으니, 그저 나의 바람을 적어보자면 투자는 투자로만 바라보면 좋겠다. '수업료를 냈다'면서 주식 투자금을 학습 비용으로 용도 변경하는 것이 아니라, '투자에 실패했다'고 결과를 그대로 받아들일 수 있는 마음으로 주식 투자를 하면 좋겠다는 뜻이다. 실패를 실패로 받아들이지 않으면 발전도, 포기도 할 수 없기 때문이다. 나는 그 실패를 받아들이지 못해서 포기까지 너무 오랜 시간이 걸렸지만, 이 책을 읽은 과거의 나는 발전이든 포기든 조금은 빨랐으면 좋겠다는 것이 지금의 생각이다.

1판 1쇄 발행 2026년 2월 5일
1판 2쇄 발행 2026년 2월 13일

지은이 이민수(입금완료)

발행인 양원석 **편집장** 차선화 **책임편집** 박시솔
디자인 강소정, 김미선 **영업마케팅** 윤송, 김지현, 최현윤, 유민경, 김수윤

펴낸 곳 ㈜알에이치코리아
주소 서울시 금천구 가산디지털2로 53, 20층 (가산동, 한라시그마밸리)
편집문의 02-6443-8890 **도서문의** 02-6443-8800
홈페이지 http://rhk.co.kr
등록 2004년 1월 15일 제2-3726호

ISBN 978-89-255-6990-1 (03320)